AF453447

TRAITÉ DE CALLIGRAPHIE

THÉORIQUE ET PRATIQUE

MARSEILLE

TYPOGRAPHIE ET LITHOGRAPHIE H. SEREN

Quai de Rive-Neuve, 3.

Cabinet de travail de M⁻ MARC ANDRÉ PAPI, Auteur d'Ouvrages Calligraphiques,
Lauréat de plusieurs Académies, Expositions Artistiques et Sociétés Savantes de Paris et de la Province.

TRAITÉ

DE

CALLIGRAPHIE

THÉORIQUE ET PRATIQUE

COMPRENANT :

L'EXPÉDIÉE FRANÇAISE

NOUVEAU GENRE D'ÉCRITURE TRÈS-LISIBLE ET TRÈS-RAPIDE

LA RONDE, LA COULÉE-BATARDE

LA GOTHIQUE ET L'ANGLAISE

PAR

Marc-André PAPI

Auteur d'Ouvrages Calligraphiques,
Honoré de Médailles d'Or, de Vermeil, d'Argent, etc.,
Lauréat et Membre-Correspondant de plusieurs Académies et Sociétés savantes
de Paris et de la Province,
Professeur de Calligraphie à l'École Communale laïque d'Adultes,
Secrétaire général de la Société
des Instituteurs et des Institutrices de Marseille.

Écrire vite et bien !

Théorie en un volume.
Application en 30 Cahiers se vendant séparément.
Album illustré de Dessin et de Calligraphie.

MARSEILLE

Seul Dépôt pour la Vente des Ouvrages Calligraphiques

CHEZ L'AUTEUR-ÉDITEUR

1865

Depuis que l'on a trouvé les principes de l'écriture, on s'est constamment préoccupé d'en simplifier l'application. Chaque âge a imaginé et mis en pratique des moyens plus ou moins ingénieux. Notre époque a eu aussi ses tentatives et nous venons en accroître le nombre par un nouvel essai (1).

L'activité et le besoin de rapidité qui animent les générations modernes se font sentir jusque dans les travaux des comptoirs administratifs et commerciaux dont

(1) Nous nous dispensons de donner l'histoire du progrès de l'écriture. On la trouvera très-bien faite à la fin du volume, dans le rapport de la Société des Sciences Industrielles, Arts et Belles-Lettres de Paris, ainsi qu'à la 7ᵐᵉ planche de notre *Album illustré* de Calligraphie.

les employés ne sauraient avoir une écriture trop expéditive et trop régulière.

Pour répondre à ce besoin évident, souvent manifesté par nos élèves, nous publions une nouvelle *Méthode d'Écriture nationale*, se distinguant, par des différences marquées, des écritures importées chez nous de l'étranger, d'Amérique, d'Angleterre et d'Italie. Voilà pourquoi nous avons cru pouvoir lui donner le nom d'*Écriture expédiée française*.

Son caractère essentiel c'est d'être correcte, régulière, très-lisible, très-rapide et de conserver pour la vie, à la main, sa souplesse et sa dextérité premières.

Elle se compose d'un volume de théorie et d'une série de cahiers d'application.

Elle offre un avantage important, c'est que tout en s'adressant aux Instituteurs, aux Institutrices et aux Professeurs, une personne, désireuse de se perfectionner *seule et sans maître*, y trouvera les moyens d'arriver à son but par une gradation méthodique, rapide et sûre.

Mais l'*Écriture expédiée* ne constitue pas seule notre travail. Elle est suivie des autres genres connus, savoir : de la Ronde, de la Coulée-Bâtarde, de la Gothique et de l'Anglaise. En outre, cet enseignement de tous les genres d'écriture, complet, il est vrai, mais élémentaire, est couronné par un *Album Illustré*, déjà publié, où la Calligraphie, unie au dessin, offre des modèles brillants et de bon goût et se montre, nous osons le dire, dans toute sa magnificence artistique (1).

(1) Nous donnons à la fin du volume les comptes-rendus de la Société pour l'Instruction Élémentaire de Paris; de la Société des

Entrons dans quelques détails sur notre œuvre.

Les éléments de l'*Écriture expédiée française* sont divisés en cinq catégories comprenant dix-huit cahiers.

La première catégorie renferme tous les éléments nécessaires à la confection des lettres de l'alphabet, ainsi que toutes les lettres non bouclées.

La deuxième catégorie renferme les lettres à boucle descendante.

La troisième, les lettres à boucle ascendante.

La quatrième, toutes les majuscules.

La cinquième est une récapitulation de tout ce qui précède, appliquée à nos trois degrés.

Une observation importante à faire c'est que l'ensemble de ces cahiers renferme plus de quatre cents mots divers et choisis avec soin. Nous avons cru devoir insister sur cette particularité, et, tout en nous occupant d'écriture, nous n'avons pas méconnu l'utilité de l'orthographe. Inculquer aux enfants l'orthographe de quatre cents mots est un travail qui a son prix. Nous

Sciences Industrielles, Arts et Belles-Lettres de Paris ; de l'Académie Universelle des Arts, etc., de Paris ; de la Société de Statistique de Marseille, etc. On y verra quelles flatteuses appréciations ont été faites de notre Album, quels précieux encouragements et quelles récompenses nous avons reçus.

espérons que Messieurs les Professeurs nous en sauront gré.

Le grand principe qui nous a guidé dans l'arrangement des exercices, c'est la répétition. On le sait : sans répétition, point d'enseignement assuré. Mais en répétant les exercices déjà faits, nous les avons groupés avec art autant que possible, de sorte que la variété, marchant avec la répétition, prévient la fatigue et l'ennui de l'élève.

La forme générale des lettres dans notre système est la forme angulaire. Elle donne à l'écriture un caractère dégagé, hardi et rapide, qualités généralement exigées.

La rapidité semble être une des conditions de la nature. Quel maître n'a observé l'instinct qui pousse la main de l'enfant à écrire vite ? Profiter de cet instinct, le régler et non le combattre, tel a été notre objet. Une expérience longue et variée nous a démontré la justesse de notre appréciation. En un mot, notre méthode conduit à *écrire vite et bien*.

Elle a un autre résultat, c'est de faciliter singulièrement l'étude des autres genres d'écriture.

La Ronde comprend quatre cahiers.

Ils suffisent pour mettre l'élève en état d'appliquer ce genre d'écriture aux États, aux Titres administratifs et commerciaux. Au reste, la ronde porte un caractère de *lisibilité* et de régularité des plus attrayants, et l'élève qui l'étudie a rarement besoin d'être stimulé.

La Coulée et la Bâtarde ont jusqu'ici constitué deux genres. Nous les réunissons en un seul parce que les règles de l'un s'appliquent à l'autre, sauf de légères modifications. Nous ne voyons pas de mal à sacrifier cette variété insignifiante, puisque l'enseignement gagne l'avantage d'être plus court.

Ce genre comprend seulement deux cahiers.

La Gothique est contenue dans un seul cahier.

Par le fait, ce genre est loin d'être utile, mais il est amusant ; il se rapproche beaucoup du dessin et se prête admirablement à l'ornementation calligraphique.

L'Anglaise comprend quatre cahiers. Pour l'élève qui a déjà suivi le cours complet, l'écriture anglaise devient un accessoire. Il atteint en peu de temps la perfection de ce genre. S'il eut commencé par là, comme cela se pratique souvent, il eut rencontré de grandes difficultés et il lui aurait fallu un temps très-long pour les surmonter.

Enfin le cahier n° 30 présente une récapitulation de tous les genres.

C'est après avoir fait cette révision que l'élève peut juger de sa force. Alors seulement il peut franchir la limite des connaissances élémentaires pour entrer dans le domaine de la fantaisie et de l'art. Alors notre Album Illustré peut être placé sous ses yeux et il peut en étudier les modèles avec intelligence et profit.

Il retrouvera, en le parcourant, les principes déjà

connus de lui, mais accompagnés de pages irréprochables, tant pour la forme des lettres que pour l'exécution.

En outre, ces pages sont encadrées d'illustrations où la Calligraphie et le Dessin, heureusement entremêlés, en rehaussent naturellement l'éclat.

Nous pouvons livrer séparément ces mêmes feuilles avec les mêmes illustrations sans écritures. Quand l'élève a rempli la page de sa propre main, on ne saurait croire combien le *cadre* embellit le tableau, combien le travail du jeune homme semble avoir augmenté de prix et combien il devient flatteur pour les parents, lorsque le professeur a eu soin de l'exposer à leurs yeux dans un parloir ou dans son cabinet de réception.

Par cette manière d'envisager notre Album, nos feuilles illustrées sont fort utiles au professeur, on en conviendra, afin de faire ressortir les progrès de ses élèves.

Mais on peut aussi les considérer au point de vue de l'élève lui-même. En effet, il ne suffit pas de connaître tous les genres d'écritures, il faut encore les entremêler, les engencer, les employer avec goût. De beaux modèles seuls, étudiés dans leur ensemble et dans leurs détails, fixeront les idées de l'élève et lui permettront de tenter lui-même de nouvelles combinaisons.

En outre, voici une observation que nous ne saurions trop signaler à l'attention des professeurs et de beaucoup de parents.

Il est aujourd'hui deux arts largement développés et satisfaisant aux nombreux besoins de la fantaisie, de la réclame de toute sorte et du goût artistique. Les architectes, les mécaniciens, l'administration des ponts et chaussées, etc., occupent une multitude d'employés dessinateurs.

La gravure sur pierre, récemment perfectionnée et si utile pour tant de choses, manque d'*ouvriers-artistes*, réunissant à la fois la pratique de la vignette, de l'ornementation, du trait et des écritures diverses. Aussi cette pénurie se fait-elle vivement sentir dans les travaux d'une certaine importance.

Nos feuilles illustrées de dessin à main levée, d'ornement et d'autres encore, préparent la jeunesse à entrer dans ces carrières honorables et lucratives. Puissent nos indications porter d'heureux fruits !

C'est en 1845, pendant notre séjour à Florence, ville éminemment artistique, où régnaient le calme et la solitude nécessaires aux savants et aux artistes, que nous avons conçu l'idée d'unir le dessin à l'écriture et de publier, en France, un Album à l'instar des grands travaux de Messieurs Ippolito d'Aste, de Gênes, et Giuseppe Bertolla, de Lucques, si justement renommés en Italie.

Notre œuvre, gravée et publiée en 1860, nous valut alors et félicitations et récompenses, comme on en pourra juger par les comptes-rendus ci-après, faits par diverses Académies et Jurys d'Expositions régionales.

Aujourd'hui nous sommes descendu des hauteurs artistiques pour aider à la culture d'un champ plus modeste et accessible à tous. Notre méthode nouvelle d'*Expédiée Française*, enseignée par nous depuis longtemps et depuis plusieurs années à l'École communale laïque d'adultes de Marseille, répond non-seulement à un besoin généralement reconnu, celui d'*écrire vite et bien*, mais encore à l'appel populaire et chaleureux, fait récemment par la voix auguste de S. M. l'Empereur à l'ouverture des Chambres : « **Dans le pays du suffrage universel, tout « Citoyen doit savoir lire et écrire.** » Voilà donc la lecture et l'écriture élevées à la hauteur de principes d'éducation nationale.

A cet appel généreux, les membres du corps enseignant élémentaire répondront de différentes manières, les uns, comme nous, en publiant leurs travaux (1), quelques modestes qu'ils soient, les autres en divulguant et propageant ces résultats.

Puisse notre œuvre trouver auprès de Messieurs les Professeurs et Instituteurs, et auprès de Mesdames les Institutrices, un accueil bienveillant. Nous ne regretterons pas les efforts que nous avons faits pour leur être utile.

MARC-ANDRÉ PAPI.

---

(1) Au moment de mettre sous presse, nous nous souvenons d'une Méthode de Lecture, imprimée en six couleurs, publiée par M. HOULIÉ, directeur de l'Institution Notre-Dame-de-la-Garde à Marseille. — Nous connaissons les succès que notre Confrère obtient par sa Méthode, qui mène rapidement et sûrement les jeunes enfants à la lecture courante.

TRAITÉ DE CALLIGRAPHIE

THÉORIQUE ET PRATIQUE

PRINCIPES THÉORIQUES ET PROGRESSIFS

DE L'ÉCRITURE

EXPÉDIÉE FRANÇAISE

POSITION

Une chose importante et qu'il ne faut pas négliger, c'est la tenue du cahier : le cahier doit être placé carrément et en droite ligne sur la table ; le corps, appuyé sur l'épaule gauche, laisse au bras droit toute la force et toute la dextérité que demande l'écriture. Cette position du corps doit être d'autant plus recommandée qu'elle influe sur le développement des organes et qu'elle préservera toujours les jeunes élèves des indispositions qui surviennent souvent quand on n'observe pas cette prescription.

La pente de ce genre d'écriture s'obtient en construisant un carré géométrique, ayant pour côté la hauteur de l'écriture. On divise le côté supérieur en dix parties égales et l'on joint le sommet de l'angle inférieur de gauche à la 7me division.

Quant aux plumes dont nous nous servons, elles sont toutes généralement admissibles, néanmoins nous préférons les plumes à pointe carrée.

———⟨⟩———

PREMIÈRE CATÉGORIE

LETTRES NON BOUCLÉES

PREMIER CAHIER

Le premier élément placé sous les yeux de l'élève est une ligne oblique. Le mouvement doit en être fait de bas en haut et l'inclinaison doit être celle de la diagonale d'un rectangle dont la base est double de la hauteur.

Le principe de la deuxième page est une ligne oblique, dont le mouvement doit être fait de haut en bas, et dont l'inclinaison doit suivre la direction de la diagonale d'un rectangle, dont la hauteur est double de la base.

La troisième page est une récapitulation des pages première et deuxième : le mouvement doit être exécuté d'un seul trait.

L'exercice de la quatrième page est formé du premier, du second et du premier répété. Il met promptement l'élève sur la voie de l'écriture. Exécuté d'un seul trait, il combat la raideur et donne la souplesse et la dextérité dans les doigts. Il est nécessaire de prévenir l'élève de ne jamais appuyer la plume, si l'on veut donner à cet exercice expéditif tout l'attrait qu'il comporte.

Le principe de la cinquième page est d'une utilité incontestable, parce que d'un côté, l'élève acquiert les moyens d'obtenir avec une certaine facilité la position du corps, de la main et des doigts, et de l'autre, c'est un expédient pour qu'il puisse, au besoin, écrire sans transparent.

Le principe de la sixième page est celui de la quatrième doublé. L'élève, déjà exercé par les pages précédentes, sera assez bien disposé pour exécuter deux traits dans un seul mouvement : il doit former un N et ne pas quitter la plume du commencement jusqu'à la fin de l'exercice.

L'exercice des pages 7 et 8 n'est autre que l'ensemble de 3 et 4 formant un M. On l'exécute d'un seul mouvement sans lever la plume. Ces trois lignes doivent être bien régulières, soit pour la forme, soit pour la distance des lettres entre elles. C'est par ce principe que l'élève commence à diriger sa plume et à obtenir la souplesse et la dextérité des doigts.

L'exemple des 9me et 10me pages est formé du précédent, augmenté seulement d'un quatrième trait. C'est une espèce de récapitulation. L'élève l'a déjà faite et maintenant il doit exécuter assez parfaitement la lettre N seule et la lettre NN double : par ce procédé j'ai obtenu d'excellents résultats, car cet exercice bien répété donne à l'élève les moyens d'activer ses mouvements et d'arriver à la rapidité sans nuire à la régularité. On peut continuer par un troisième N, ou par deux M d'un seul trait. Cet exercice est d'une absolue nécessité. Il habitue l'élève à expédier plusieurs traits à la fois, et le met à même d'écrire plusieurs lettres.

La lettre M est la véritable base de la méthode. On ne doit jamais oublier quel est son mode de formation. Quant à sa forme, elle est purement géométrique : elle est symétrique par rapport à un point situé au milieu du trait moyen. De là vient qu'elle offre un véritable contrôle de l'écriture, une preuve de la bonne application des règles. Il suffit, en effet, de renverser le cahier de haut en bas. — Dans cette position, les différentes lettres M et N ne sont pas renversées et doivent satisfaire aux règles de l'inclinaison et de l'exécution, comme si le cahier se trouvait dans le sens direct.

On peut, au besoin, faire continuer l'élève à exécuter non-seulement deux M, mais trois et quatre dans un seul mouvement ; car, avant de passer aux lettres proprement dites, il doit posséder au plus haut degré la perfection de ce principe essentiel.

A la 11ᵐᵉ page commence la formation des autres lettres. Je considère d'abord la lettre V comme ayant une forme toute particulière à mon système ; l'élève ajoute après l'M, un quatrième trait, et, en le terminant, il n'a qu'à décrire par un mouvement arrondi, une légère courbe tournant sa convexité vers la droite.

Il est de la plus grande nécessité de faire comprendre à l'élève par la 12ᵐᵉ page, qu'il est urgent de faire ou d'exécuter la lettre V entre deux M par un seul mouvement, c'est-à-dire qu'il ne faut pas lever la plume dans l'intervalle des lettres.

Nous venons d'exécuter un V entre deux M : nous continuons la 13ᵐᵉ page, par le même précepte, en mettant deux V entre deux M. Cet exercice doit être exécuté d'un seul mouvement. Il est d'une grande importance et nous le recommandons spécialement.

Dans la 14ᵐᵉ page, l'élève exécute trois V entre deux M, ce qui lui permet de réunir en un seul trait cinq lettres ; cette réunion, ce résumé, aide l'élève à obtenir la rapidité indispensable que l'écriture expéditive demande. Il faut cependant y apporter la plus grande attention et remarquer avec la plus grande exactitude, l'exécution de la dernière lettre qui est l'M, parce que cette dernière doit être conforme autant que possible à la première.

On suivra de temps à autre le contrôle dont nous avons parlé pour les pages 9 et 10.

Ainsi qu'on vient de le voir, la base fondamentale de la méthode pour l'exécution de chacune des lettres de l'alphabet, est de commencer par en faire une entre deux M, puis deux, puis trois, toujours entre les deux M. Ce moyen est excessivement facile pour l'élève et encore bien plus pour le professeur qui est appelé à l'enseigner.

La 15ᵐᵉ page est la lettre R. Cette lettre se présente encore sous les formes de la lettre primitive, on n'a qu'à faire suivre, à la fin de l'M, une diagonale et puis tracer le quart du trait de l'M par un point allongé, le continuer par une liaison ascendante et terminer la lettre R par un trait conforme à l'un des traits de l'M.

Pour la 16ᵐᵉ page, faire en sorte d'obtenir une exécution parfaite de R entre deux M, ainsi qu'on l'a déjà exécuté pour la lettre V.

Pour la 17ᵐᵉ page, obtenir deux R entre deux M, suivre toujours le même mouvement pour la règle déjà prescrite.

Pour la 18ᵐᵉ page, obtenir avec dextérité et facilité

trois R entre deux M, d'un seul trait et sans jamais quitter le papier. Les lettres jointes ou insérées entre les deux M, ce sont des matériaux que l'élève doit apprendre de bonne heure à réunir, afin de pouvoir exécuter un mot avec une certaine rapidité.

Les 19me et 20me pages offrent une récapitulation des deux lettres que l'élève vient d'exécuter; il est nécessaire qu'il récapitule et qu'il revienne souvent sur ce qu'il a fait, afin de s'y habituer et de ne pas oublier la confection des premières lettres en apprenant les autres.

DEUXIÈME CAHIER.

La 1re page du deuxième cahier est la lettre Z; la forme, le point et la diagonale sont absolument les mêmes que ceux de l'R, et c'est pour cela que nous l'avons placée immédiatement après cette dernière lettre, afin que l'élève puisse la saisir avec facilité : quant à sa terminaison, c'est un mouvement arrondi laissant échapper une liaison, soit une diagonale conforme à l'M.

La 2me page est la lettre Z entre deux M. Suivre le même mouvement et d'un seul trait, ainsi qu'il a été dit pour les autres lettres.

La 3ᵐᵉ page est la lettre Z doublée entre deux M et la 4ᵐᵉ page, la même lettre triplée entre deux M. Faire en sorte que l'on puisse obtenir de l'élève, la confection du mot *élémentaire* dans un seul mouvement et dans un seul trait, et surtout que les diagonales ascendantes soient régulières et qu'elles puissent offrir le même coup d'œil en renversant le cahier, comme contrôle et solution du problème de la méthode.

La 5ᵐᵉ page est une récapitulation des trois lettres déjà exécutées. Il est indispensable de tenir la main à ce que ces diverses lettres soient aussi régulières que possible.

La 6ᵐᵉ page nous donne deux S, la première a une liaison parallèle aux diagonales des M. Elle a été faite ainsi, pour que l'élève ne soit pas obligé de s'arrêter dans son mouvement et pour être placée dans l'intérieur des mots, la deuxième qui se termine par un point arrondi est destinée pour la fin des mots.

La 7ᵐᵉ page est une S entre deux M. On voit encore ici ressortir l'idée-mère de notre système. L'S se forme d'une double courbe de droite à gauche et de gauche à droite, et sa terminaison est parallèle à l'une des diagonales de l'M.

La 8ᵐᵉ page est deux S entre deux M et la 9ᵐᵉ page, trois S entre deux M. Il faut obtenir d'un seul trait cet exercice assez difficile, mais que la démonstration écrite et verbale fera facilement saisir à l'élève.

La 10ᵐᵉ page est une récapitulation des lettres exécutées.

La 11ᵐᵉ page représente un E. Cette lettre offre assez de difficulté. Il faut éviter un inconvénient qui se présente presque toujours dans l'écriture expédiée, et qui consiste à faire de la boucle une tache d'encre et à donner à cette lettre, sans le vouloir, la forme d'un I. Il est nécessaire de faire comprendre à l'élève que la diagonale finale de l'M, à partir du milieu, doit être prolongée d'une moitié à droite pour exécuter la courbe arrondie, en tombant sur le milieu de la diagonale, et qu'on la termine comme les autres lettres. Cette ligne prolongée au milieu de la diagonale empêche la confection d'une boucle empâtée.

La 12ᵐᵉ page est un E entre deux M.

La 13ᵐᵉ page donne deux E entre deux M.

La 14ᵐᵉ page donne trois E entre les deux M.
Continuer pour la formation de l'E la même prolongation de la diagonale, afin qu'elle soit constamment ouverte et puisse conserver la forme qu'elle doit avoir.

La 15me page est une récapitulation, c'est-à-dire un rappel à la mémoire de l'élève qui l'oblige à confectionner d'une manière parfaite toutes les lettres déjà exécutées.

La 16me page représente l'X ; la première partie de cette lettre s'exécute aux trois quarts comme l'S, et la deuxième partie comme l'E. Elle admet deux variétés dans sa forme : la première a pour but d'obliger l'élève à ne pas quitter le papier et à employer cette lettre au milieu des mots ; la deuxième, faite en deux temps, ne doit être employée qu'à la fin.

La 17me page est un X entre deux M.

La 18me page, deux X entre deux M.

La 19me page, trois X entre deux M : suivre minutieusement et avec la plus grande exactitude les principes déjà appliqués dans les autres lettres.

La 20me page, qui est la dernière du 2me cahier, représente une récapitulation complète de toutes les lettres déjà exécutées. Ainsi que nous l'avons dit, on ne peut arriver à acquérir les connaissances voulues et à surmonter les obstacles de l'écriture, qu'en suivant textuellement ce que nous avons l'honneur de placer sous les yeux des élèves.

Le professeur aura le soin d'écrire et d'expliquer sur le tableau noir ou sur l'ardoise le modèle que l'élève doit exécuter. Par les différentes dispositions que l'on rencontre chez les élèves, dans les classes, à cause de l'âge et de l'intelligence, on est obligé de former plusieurs divisions ; d'où il suit que l'on doit placer, sur le tableau, autant de modèles que l'on a organisé de divisions.

On fera comprendre aux élèves, par des explications faciles, la manière dont ils doivent s'y prendre pour obtenir le résultat désiré. Qu'on nous permette de dire que la leçon d'écriture, expliquée avec clarté, aide beaucoup l'élève à saisir les moyens qu'il doit employer pour arriver facilement à bien écrire. Mais toutes ces explications ne dispenseront pas le professeur de surveiller l'élève pendant la mise en pratique. C'est, en effet, l'emploi de ce double moyen qui nous a donné à nous-même les plus beaux résultats.

TROISIÈME CAHIER.

La 1re page du 3me cahier est un C. Cette lettre est l'une de celles qui offrent assez de difficulté, à cause de son point de départ, que nous faisons disparaître provisoirement, et que nous ne mentionnons pas dans nos

principes, afin de ne pas déroger au système tout géométrique de notre expédiée ; la perfection seule de l'écriture peut amener cette terminaison avec facilité. Pour le
moment, nous nous bornerons à montrer sa forme non
accomplie, c'est-à-dire la moitié d'un O qu'on exécute
de la manière suivante : On revient jusque vers le milieu
de la quatrième diagonale de l'M et on la continue comme
les finales ordinaires, à l'aide d'un mouvement tant soit
peu arrondi vers la droite, mais se terminant parallèlement à la diagonale de l'M.

La 2ᵐᵉ page est un C entre deux M.

La 3ᵐᵉ page, deux C entre deux M.

La 4ᵐᵉ page, trois C entre deux M.

Il est essentiellement nécessaire de faire comprendre
à l'élève combien il est important d'écrire d'un seul trait,
et dans un seul mouvement, les cinq lettres réunies, car
la liaison de plusieurs lettres faites sans lever la plume,
est la condition fondamentale d'une écriture rapide et
belle. Il est encore de la plus grande importance d'exiger
de l'élève que, dans le cas où il viendrait à s'arrêter ou
à quitter la plume au milieu de ces diverses lettres, qu'il
ne continue pas le mot, mais qu'il le recommence. Au
reste, le meilleur frein pour arrêter la fraude, n'est-ce
pas l'œil du maître faisant exécuter devant lui les exercices que nous recommandons le plus ?

Les 5ᵐᵉ et 6ᵐᵉ pages sont des récapitulations. On doit, par ce qui précède, avoir suffisamment compris la gamme de la méthode : récapituler, après l'étude de chaque nouvelle lettre, toutes celles que l'on a déjà exécutées, et acquérir, par cette répétition de lettres amoncelées, mais parfaitement distinctes, la régularité et la lisibilité de chacune d'elles.

La 7ᵐᵉ page est un O. Cette lettre termine, en quelque sorte, la lettre C; on n'a plus qu'à continuer par une deuxième courbe à droite, pour former l'O en lui donnant la forme d'une ellipse ; quand on a rejoint le point de départ, il faut, sans lever la plume, terminer cette lettre par une liaison courbe convexe vers le bas, ayant pour but de relier l'O à la lettre suivante.

La 8ᵐᵉ page est un O entre deux M.

La 9ᵐᵉ page, deux O entre deux M.

La 10ᵐᵉ page, trois O entre deux M.

La 11ᵐᵉ page est une récapitulation conforme à la 5ᵐᵉ.

La 12ᵐᵉ page est une récapitulation conforme à la 6ᵐᵉ.

La 13me page est une récapitulation nouvelle.

La 14me page est un A. Pour former cette lettre on fait un O, sans liaison conduisant à la lettre suivante. On lève la plume, on trace un trait parallèle au trait de l'M, tangent au côté droit de l'O et de même hauteur que les autres lettres. Théoriquement, le professeur dessinera un parallélogramme dont les deux arêtes latérales auront l'inclinaison de l'écriture, et dont les deux autres auront entre elles une distance égale à la hauteur. La largeur est les 7/10mes du côté du carré fait sur la hauteur. On inscrit une ellipse tangente aux quatre côtés et le côté à droite n'est autre que le trait qui distingue l'A de l'O.

Remarquons que la lettre A, contrairement aux lettres étudiées jusqu'ici, exige que la plume quitte le papier. Nous verrons plus loin que les lettres G et Q sont soumises à la même exception.

La 15me page est un A entre deux M.

Il est essentiel de faire comprendre à l'élève l'avantage que l'on acquiert en fermant l'O et en relevant la plume pour interrompre le trait, afin d'ajouter la ligne droite tangente de l'O et terminer la lettre en deux traits. Quand on veut tracer un A d'un seul trait, il arrive bien souvent, et surtout dans une écriture expédiée, qu'au lieu d'obtenir un A on obtient un U.

Un autre moyen facile, pour que l'élève puisse saisir la confection de cette lettre, est celui de lui faire comprendre, dans la démonstration sur le tableau, qu'après avoir exécuté un M suivi d'un A et d'un M, on n'a qu'à effacer l'O, et le trait parallèle de l'M doit donner deux N N parfaites : là est le véritable moyen pour atteindre la perfection de cette lettre.

Cette démonstration est importante, parce que la lettre A prédispose avantageusement à d'autres lettres.

La 16me page, deux A entre deux M.

La 17me page, trois A entre deux M.

Exiger constamment de l'élève que l'M accompagnée de l'O se fasse d'un seul trait de plume ; que l'on fasse de même le trait qui termine l'A joint à l'O suivant. Enfin que la plume ne quitte le papier que si la nécessité l'exige.

La 18me page est une récapitulation conforme aux n°s 5 et 11.

La 19me page est encore une récapitulation conforme aux n°s 6 et 12.

La 20me page qui termine le 3me cahier est une récapitulation qui renferme les dernières lettres que l'on vient d'indiquer : Elle s'explique par ce qui précède.

QUATRIÈME CAHIER.

Les 1re et 2me pages du 4me cahier ont pour objet la lettre D.

Cette lettre, véritable avant-coureur des lettres bouclées, a deux formes : la forme non jetée ou continue, ou forme courante, et la forme jetée ou discontinue. La première suit les prescriptions de la lettre S, c'est-à-dire que le but de cette lettre, construite d'un seul trait, oblige l'élève à continuer le mot sans s'arrêter ; la deuxième lettre se fait d'un coup de plume jeté par un mouvement hardi, donnant à cette lettre une tournure pleine d'élégance.

La hauteur de la première doit être le double du corps de la lettre, c'est-à-dire le double de l'O ; quant à la deuxième, elle tient un peu à la fantaisie intelligente de l'élève, dérogeant par cela même à la règle ordinaire ; seulement, on doit toujours éviter avec le plus grand soin, que cette lettre couvre les jambages des autres; si cela arrivait, la forme du D continu doit toujours s'exécuter de préférence, parce que son succès n'est point douteux.

Autant que possible et pour tous les genres d'écriture, on doit éviter l'agglomération des lettres, c'est-à-dire l'empiètement des unes sur les autres ou la rencontre des jambages. Cette complication donne à l'écriture expéditive et même à l'écriture la mieux appliquée, un caractère des plus défectueux.

La 3me page est la lettre D non jetée ou continue.

La 4me page, deux D non jetés entre deux M.

La 5me page, trois D non jetés entre deux M.

La 6me page, deux D non jetés précédant un D jeté.

La 7me page est une récapitulation conforme au n° 5 du 3me cahier.

La 8me page est une récapitulation conforme au n° 6 du 3me cahier.

La 9me page est une récapitulation conforme au n° 20 du 3me cahier.

La 10me page est un T qui se forme de la diagonale de l'M et se termine comme la finale d'un M ordinaire, seulement on a le soin de couper par un trait horizontal le T après avoir achevé le mot.

La 11me page est un T entre deux M.

La 12me page, deux T entre deux M.

La 13me page, trois T entre deux M.

La 14me page est une récapitulation conforme au n° 5 du 3me cahier.

La 15me page est une récapitulation conforme an n° 6 du 3me cahier.

La 16me page est une récapitulation conforme au n° 20 du 3me cahier.

La 17me page est une récapitulation conforme au n° 6 du 4me cahier.

La 18me page est une récapitulation conforme au n° 13 du 4me cahier.

La 19me page est un T qui se termine d'une manière toute différente de la précédente ; au lieu d'avoir une

liaison finale comme l'M, sa construction dispense l'élève
de couper cette lettre à la fin du mot. Lorsque le trait
fondamental du T est exécuté parallèlement à l'M, on
remonte jusqu'à la hauteur de l'M par une courbe à gauche, revenant au milieu du corps de la lettre par une
courbe à droite, ce qui permet à l'élève de continuer le
mot sans s'arrêter. On l'emploie parfaitement à la fin
des mots ; d'ailleurs c'est encore une habitude à prendre,
et on ne saurait l'acquérir sans la plus grande attention.

La confection de cette lettre est une leçon prépa-
ratoire à l'une des lettres les plus difficiles de l'alphabet qui est l'F. Lorsqu'il sera question de cette dernière lettre, on répètera à l'élève la confection du T
en y ajoutant les boucles, et il comprendra bien facilement la construction de l'F.

La 20me page qui termine le 4me cahier est un Œ
diphtongue. Cette lettre exceptionnelle, quoique dou-
ble, n'offre pas de grands obstacles, parce que c'est
une répétition de deux lettres réunies l'O et l'E. Il
est nécessaire, dans la démonstration, de faire comprendre à l'élève que ces deux lettres doivent s'exécuter en deux temps : 1° faire l'O et ensuite faire l'E.

Quant à la lettre U qui prend place dans cette dernière page, elle ne diffère de l'N que par la diagonale.
Celle de l'U se trouve couverte au moins jusqu'au milieu
du trait, lorsque celle de l'N doit toujours être très-
visible.

Là est la seule différence qui existe entre ces deux
lettres. Il faut la bien connaître pour ne pas commettre

quelques erreurs de lecture dans les mots où ces deux lettres se trouvent ensemble.

CINQUIÈME CAHIER.

Les deux premières pages du 5me cahier sont encore une récapitulation des lettres déjà exécutées ; mais les suivantes renferment des mots. Ces mots sont composés des lettres que l'élève connaît suffisamment. Seulement, il est nécessaire d'obtenir de l'élève que chaque mot soit exécuté dans un seul mouvement, il n'aura cependant à quitter la plume que dans la lettre A, ainsi qu'on l'a indiqué à la page 14 du 3me cahier.

Faire exécuter avec beaucoup d'application les récapitulations et avoir le soin d'écrire sur un tableau noir le modèle que l'élève a sous les yeux, ainsi que la description du mode de formation des lettres, afin qu'il puisse arriver promptement au but qu'on est en droit de lui voir atteindre.

Voici parcourue la première étape de l'écriture : la Première Catégorie des Lettres non bouclées. En transcrivant les 55 mots qu'il rencontre sur son passage, non-seulement l'élève a l'avantage de les écrire convenablement, comme écriture, mais encore il doit en connaître l'orthographe.

DEUXIÈME CATÉGORIE

BOUCLES DESCENDANTES

SIXIÈME CAHIER.

Les lettres bouclées sont : *b*, *h*, *k*, *l*, dans le sens ascendant ; *g*, *j*, *p*, *q*, *y*, *z*, dans le sens descendant, et enfin la forme particulière de l'F.

Dans notre méthode, le principe de l'M s'applique aux lettres bouclées, c'est-à-dire que le *sommet* d'une boucle est en pointe et non arrondi.

La forme d'une boucle est la même pour toutes les lettres : en outre, aucune différence ne doit exister entre la boucle descendante et la boucle ascendante, afin que l'élève puisse, en renversant le cahier, reconnaître s'il y a parfaite identité et corriger l'erreur.

Un moyen important d'exécuter ces sortes de lettres est de veiller à ce que les *pointes soient toujours maintenues*, c'est là le moyen d'obtenir du succès, il faut également ne pas perdre de vue que là est le talent, non-seulement de bien écrire, mais encore de conserver tel mode d'écriture ; voilà pourquoi l'on ne saurait y apporter trop d'attention.

Les 1re et 2me pages du 6me cahier renferment la lettre J.

Pour obtenir une boucle en général et celle du J en particulier, on fait suivre l'M par un quatrième trait allongé dont la longueur doit être au moins trois fois celle de l'M. Il doit être en parfaite ligne droite, s'arrêter nettement à la ligne formée de petits tirets. On remonte en décrivant un croissant à gauche jusques au bas de l'M et on termine par une diagonale ordinaire ; le tout se fait d'un seul mouvement.

La jonction du trait et du croissant forme un angle très-aigu que nous *admettons* comme principe, mais qui plus tard disparaît par le perfectionnement de l'écriture. Alors l'angle émoussé prend une forme gracieuse que nous regardons, ainsi que la forme rectiligne et allongée des lettres bouclées, comme donnant à l'écriture expédiée son cachet particulier de rapidité et d'élégance.

La 3me page est un J entre deux M.

Faire de nombreux exercices et tenir la main à ce que la lettre J entre les deux M s'exécute dans un seul mouvement.

La 4me page, deux J entre deux M.

On comprend que ce mouvement donne aux doigts de la souplesse et de la dextérité ; il est urgent de savoir que les deux J sont, pour la méthode, un N. On inscrira sur le tableau un N entre deux M ; on prolongera les deux boucles de l'N et, par ce moyen, l'élève comprendra facilement que le double J est un N ou que 'l'N donne deux J.

Il en est de même pour la 5me page qui représente trois J entre deux M , c'est-à-dire trois M. Le professeur les effectuera sur le tableau noir et prolongera ensuite les trois boucles. Par ce moyen les difficultés disparaissent et l'élève, tout en se rendant compte du principe, est à même d'exécuter. Il est inutile de répéter que cet ensemble de lettres que nous appelons *mot élémentaire*, doit être fait dans un seul mouvement.

Les 6me et 7me pages sont constituées par un P bouclé.

Cette boucle n'a été faite que dans le but, comme nous l'avons dit pour le D et pour l'S, d'empêcher que l'élève ne s'arrête quand il rencontrera cette lettre.

La confection est comme celle du J précédé d'un trait de l'M.

La 8me page est formée d'un P entre deux M.

La 9me page est formée de deux P entre deux M.

La 10me page, de trois P entre deux M.

Suivre la même marche que pour la lettre J et toujours dans un seul mouvement.

La 11me page est une récapitulation de la 5me.

La 12me page est une récapitulation de la 10me.

Les 13me et 14me pages se composent d'un Y.

Cette lettre s'exécute de la même manière que la lettre P, à la seule différence que le premier trait de l'Y est tant soit peu arrondi au commencement ; il doit l'être encore immédiatement après l'M, lorsque celui du P est après le J et suit parallèlement l'M.

La 15me page est un Y entre deux M.

La 16me page est deux Y entre deux M.

La 17me page, trois Y entre deux M. Exécuter toujours le mot *élémentaire* d'un seul trait de plume.

La 18me page est une récapitulation conforme à la 5me page.

La 19me page conforme à la 10me, et la 20me page, qui est la dernière du 6me cahier, est encore une récapitulation conforme à la 17me.

SEPTIÈME CAHIER

Les 1re et 2me pages du 7me cahier sont formées d'un Z.

Cette lettre s'exécute de la manière suivante : Le point de départ est, comme celui de l'R et celui du Z non bouclé, suivi par une diagonale se terminant à gauche et un peu plus prononcée que nos diagonales ordinaires des M, précédée immédiatement par une boucle conforme à celle des J.

La 3me page est un Z entre deux M.

La 4me page, deux Z entre deux M.

La 5me page, trois Z entre deux M. Suivre en tout et partout le précepte d'obtenir l'exécution en un seul mouvement : toujours bien démontrer sur le tableau tant la confection de la lettre que sa forme et sa distance ; la forme et la distance de chacune des lettres sont basées sur l'N, c'est-à-dire que la distance d'une lettre à l'autre est celle d'un N, et la forme de la lettre doit être aussi celle d'un N ; on obtient ainsi une parfaite régularité.

3

La 6me page est une récapitulation conforme à la 5me du 6me cahier.

La 7me page, conforme à la 10me du 6me cahier.

La 8me page, conforme à la 17me du 6me cahier.

La 9me page, conforme à la 5me du présent cahier.

Les 10me et 11me pages sont formées d'un G.

Cette lettre semble plus difficile que les autres, néanmoins il sera facile de l'exécuter par la démonstration suivante : De même que nous l'avons indiqué à la 14me page du 3me cahier, l'exécution de l'O doit être démontrée géométriquement au moyen d'une ellipse inscrite dans un rectangle ; on y ajoute sa droite pour établir un A et on prolonge cette même droite de l'A, comme s'il s'agissait de faire un J ; à l'aide de ce procédé, l'élève saisit de suite l'objet de cette leçon.

La 12me page est un G entre deux M.

Il est bien entendu, et nous nous plaisons à le répéter, que la lettre G renferme en elle-même un O, un A et un J prolongé de l'A.

La 13me page, deux G entre deux M.

La 14me page, trois G entre deux M.

Ce mot *élémentaire* ne peut et ne doit pas être exécuté dans un seul mouvement. C'est ici qu'il faut faire comprendre à l'élève qu'il doit s'arrêter après l'O, qu'il doit reprendre cette dernière lettre pour faire le J, ce qui établit le G, continuer cette liaison et ne s'arrêter qu'à la fin du deuxième O, le reprendre pour le J et continuer pour l'M, afin d'achever le mot.

Si on voulait faire le G sans s'arrêter, on risquerait d'avoir un I et un J. C'est par une faute pareille, comme nous l'avons montré, que la lettre A est susceptible de devenir un U.

La 15me page est un Q.

Cette lettre est très-facile, parce qu'elle n'a pas de boucle : on n'a qu'à arrêter sa droite aux trois quarts des boucles et suivre sa forme comme celle du G.

La 16me page est une récapitulation de la 5me du 6me cahier.

La 17me page est conforme à la 10me du 6me cahier.

La 18me page est conforme à la 17me du 6me cahier.

La 19me page est conforme à la 5me du présent cahier.

La 20me page, la dernière du 7me cahier, est une récapitulation de la 14me.

HUITIÈME CAHIER

Les 1re et 2me pages sont les récapitulations de toutes les lettres bouclées.

Les 3me, 4me, 5me et 6me pages renferment des mots à lettres non bouclées et à boucles descendantes.

La 7me page est une récapitulation des 3me et 4me et par conséquent l'élève exécute les deux lignes conformément au modèle.

La 8me page est encore une récapitulation des 5me et 6me. Faire en sorte que l'élève puisse écrire le mot sans quitter le papier.

Les 9me, 10me, 11me et 12me pages sont formées de mots nouveaux.

La 13ᵐᵉ est une récapitulation des 9ᵐᵉ et 10ᵐᵉ pages.

La 14ᵐᵉ page est une récapitulation des 11ᵐᵉ et 12ᵐᵉ.

Les 15ᵐᵉ, 16ᵐᵉ, 17ᵐᵉ et 18ᵐᵉ pages sont encore formées de mots nouveaux.

La 19ᵐᵉ est une récapitulation des 15ᵐᵉ et 16ᵐᵉ pages, et la 20ᵐᵉ page, qui est la dernière du 8ᵐᵉ cahier, est une récapitulation des pages 17 et 18.

Dans cette deuxième catégorie l'élève a exécuté 52 mots nouveaux et doit, comme les précédents, les écrire avec une certaine perfection et en connaître l'orthographe.

TROISIÈME CATÉGORIE

BOUCLES ASCENDANTES

NEUVIÈME CAHIER

Nous voici à l'un des principes les plus difficiles et qui réclame toute l'attention du maître.

Les 1re et 2me pages du 9me cahier ont pour objet un L. Or, cette lettre se forme de la manière suivante : dès que l'M est exécuté, on mène une quatrième diagonale jusqu'à la hauteur de l'M et de là on continue le mouvement ascendant jusqu'à la ligne tracée en petits points ou tirets, soit trois fois la hauteur du trait de l'M, ainsi que nous l'avons prescrit pour les boucles descendantes ; de là on revient par une ligne droite jusqu'à la hauteur de l'M pour finir, comme si cette branche appartenait à la lettre M.

La 3me page est un L entre deux M. Faire comprendre à l'élève par la démonstration, ainsi que nous l'avons fait pour les boucles descendantes, qu'en supprimant la boucle , on ne doit y trouver qu'un trait en sus des deux M , sans aucune variété.

. La 4ᵐᵉ page contient deux L entre deux M. En supprimant les boucles on ne doit y trouver qu'un N très-régulier.

La 5ᵐᵉ page est formée de trois L entre deux M.

La suppression des boucles offre un M, et pour que cette boucle soit complétement faite d'après nos règles, il faut qu'en renversant le cahier, on puisse y trouver trois J ; ainsi trois L deviennent de haut en bas trois J ; par cette méthode nous avons toujours obtenu les meilleurs résultats ; le contrôle fait par soi-même dispense le professeur et l'élève de se servir d'un modèle. La règle fondamentale de notre système doit donc rester invariablement gravée dans l'esprit de l'élève.

Les 6ᵐᵉ et 7ᵐᵉ pages sont formées d'un H.

Cette lettre est aussitôt exécutée qu'elle est comprise ; on n'a qu'à faire un L, après l'M, par le premier trait d'un N et l'on a un H.

Ce qu'il importe, ainsi que nous l'avons déjà dit précédemment, c'est d'obtenir de l'élève qu'il puisse exécuter la lettre entre les M, toujours d'un seul trait en un seul mouvement. La boucle ne diffère point de celle de L, en ce que l'une et l'autre doivent se trouver semblables ; cette ressemblance découle de la régularité de notre méthode.

La 8ᵐᵉ page est un H entre deux M. Faites faire à l'élève, au début surtout, un N entre deux M tout d'un trait, faites-lui ensuite exécuter la boucle de l'H par la démonstration faite au tableau; il en aura facilement l'intelligence.

La 9ᵐᵉ page, deux H entre deux M. Renverser le cahier de temps en temps, afin que l'élève puisse se rendre compte des boucles, attendu qu'elles doivent être conformes aux boucles descendantes.

La 10ᵐᵉ page est trois H entre deux M. Faire le mot *élémentaire* d'un seul trait. Quant à la pente des boucles ascendantes, elle doit être égale à celle des descendantes et de plus ne jamais être plus penchées que la pente de l'M.

Montrer à l'élève de temps à autre sur le tableau, que la pente de la boucle doit être la même que celle de la lettre M.

La 11ᵐᵉ page est une récapitulation de la 5ᵐᵉ.

La 12ᵐᵉ page est une récapitulation de la 10ᵐᵉ.

Les 13ᵐᵉ et 14ᵐᵉ pages sont formées d'un K.
Cette lettre offre quelques difficultés. Néanmoins il est

aisé de voir que le K est presque aux trois quarts la forme de l'H, ce n'est qu'à sa terminaison que cette lettre prend la finale du Z non bouclé.

La 15ᵐᵉ page est un K entre deux M ; suivre le même principe que pour la lettre H.

La 16ᵐᵉ page est deux K entre deux M.
Obtenir le mot *élémentaire* d'un seul trait sans s'arrêter dans aucune lettre, sinon recommencer le mot, jusqu'à ce qu'il soit confectionné en un seul mouvement.

La 17ᵐᵉ page, trois K entre deux M.
Même description que les précédentes. Contrôler souvent relativement aux boucles par le renversement du cahier.

La 18ᵐᵉ page est une récapitulation de la 5ᵐᵉ.

La 19ᵐᵉ page est une récapitulation de la 10ᵐᵉ.

La 20ᵐᵉ page, qui est la dernière du 8ᵐᵉ cahier, est une récapitulation de la 17ᵐᵉ.

DIXIÈME CAHIER

Les pages 1re et 2me du 10me cahier représentent un B.

De prime à bord, la lettre B semble difficile ; on comprend toutefois très-bien que cette lettre est un O pour la partie en dehors de la boucle, et mieux encore, un véritable V de nos principes ; ainsi, une fois que l'on a démontré sa formation par l'M suivi d'un V, on n'a plus qu'à s'occuper du prolongement de la boucle pour obtenir le B.

La 3me page est un B entre deux M. Se conformer à nos principes, faire un L suivi de la partie courbe de l'O et sans s'arrêter, continuer son M final. Ne pas perdre de vue que l'M final doit être égal en tout et partout comme le premier.

La 4me page, deux B entre deux M.

La 5me page, trois B entre deux M.
Faire en un seul trait le mot *élémentaire*.

La 6me page est une récapitulation conforme à la 5me du 9me cahier.

La 7ᵐᵉ page, conforme à la 10ᵐᵉ du 9ᵐᵉ cahier.

La 8ᵐᵉ page, conforme à la 17ᵐᵉ du 9ᵐᵉ cahier.

Les 10ᵐᵉ et 11ᵐᵉ pages sont formées d'un F.

Nous voici arrivé à la fin des lettres. L'F est peut-être la seule de l'alphabet qui offre le plus de difficultés ; aussi nous l'avons placée à la fin.

Elle renferme dans sa forme, d'un côté, une boucle ascendante égale à L, suivie d'une boucle descendante dont, à l'exception des autres, le mouvement ascentionnel est à droite, lorsque celui des autres boucles est à gauche. Et même, tandis que le contour des boucles des autres lettres est angulaire en principe, celui de l'F est arrondi pour la boucle descendante.

Pour une plus grande intelligence, il faut avoir le soin de tracer sur le tableau un M suivi d'un T final (voir la démonstration du T, page 19 du 4ᵐᵉ cahier), ensuite y ajouter les boucles ascendante et descendante.

Ce moyen est précieux, nous l'avons employé et nous avons obtenu les plus heureux résultats. Nous nous sommes assuré en même temps que l'élève pouvait l'exécuter avec facilité et obtenir d'un trait, comme toujours, le mot *élémentaire*.

La 12ᵐᵉ page contient un F entre deux M.

La 13ᵐᵉ page contient deux F entre deux M.

La 14me page contient trois F entre deux M.

La 15me page contient une récapitulation conforme à
la 6me.

La 16me page est une récapitulation de la 7me.

La 17me page est une récapitulation de la 8me.

La 18me page est une récapitulation de la 9me.

Les 19me et 20me pages sont encore une récapitulation
de la 14me.

Cette récapitulation, qui termine le 10me cahier, est
la plus longue, parce qu'elle renferme toutes les boucles
ascendantes. Du moment que l'élève a suivi avec application tous nos nombreux exercices, sa main ne peut
qu'être plus assurée. Le tout est dans le mouvement.
Dans le cas où il ne pourrait continuer le mot d'un seul
trait, il devrait recommencer le mot *élémentaire*.

ONZIÈME CAHIER.

La 1re page ainsi que la 2me du 11me cahier sont des
lettres récapitulées de boucles ascendantes.

Les 3me, 4me, 5mo et 6me pages sont des mots, des lettres non bouclées et des boucles seulement ascendantes.

La 7mo page est une récapitulation des 3me et 4me. L'élève aura le soin de suivre régulièrement les deux lignes.

La 8mo page est une récapitulation conforme aux 5mo et 6mo.

Les 9me, 10me, 11me et 12me pages sont formées par des mots.

La 13mo page forme une récapitulation des 9me et 10me.

La 14me page forme une récapitulation des 11me et 12me.

Les 15me, 16me, 17me et 18me pages sont des mots.

La 19me page forme une récapitulation des 15me et 16me.

La 20me page forme une récapitulation des 17me et 18me.

D'après ce qui précède, on peut voir qu'à la fin des lettres non bouclées nous avons transcrit 55 mots.

A la fin des boucles descendantes, 52 autres mots renferment les boucles et les lettres déjà exécutées et à la fin des boucles ascendantes, 52 mots nouveaux ont été ajoutés aux précédents.

L'élève aura le soin de les exécuter jusqu'à ce qu'il se soit familiarisé avec eux : ces mots seront aussi pour lui un acheminement vers l'étude de l'orthographe.

DOUZIÈME CAHIER.

Les 1re, 2mo et 5mo pages du 12mo cahier, sont un modèle compliqué en ce qu'elles renferment plusieurs lettres bouclées, soit ascendantes, soit descendantes entre les deux M.

Les mots *élémentaires*, à l'exception de ceux dont le G et le Q font partie, doivent être exécutés d'un seul mouvement. En un mot, il faut suivre dans ce modèle les mêmes préceptes que nous avons démontrés et suivis plus haut ; seulement il est nécessaire d'obtenir ces divers mots avec une promptitude qui, naturellement, nous amène aux majuscules.

Les 3mo, 4mo et 6mo sont encore d'autres lettres que celles déjà exécutées et que l'élève a besoin de faire avec dextérité et avec beaucoup de soin.

Les 7me et 8me pages représentent un alphabet. Voici le principe le plus difficile et le mot le plus long, parce qu'il renferme les 25 lettres de l'alphabet.

Ici l'on reconnaît si l'élève a suivi avec attention les divers cahiers et s'il a mis à profit les véritables éléments.

L'alphabet doit être exécuté d'un seul trait et d'un seul mouvement, seulement, il doit s'arrêter à l'A, au G et au Q, c'est-à-dire trois fois dans tout l'alphabet. Tenir compte des règles pour la distance de chaque lettre, pour sa forme et aussi pour sa pente qui doit être celle de l'M.

Les mots des 9me, 10me, 11me et 12me pages doivent être exécutés avec hardiesse et facilité.

La 13me page est une récapitulation des 9me et 10me ; l'élève doit suivre les deux lignes très-attentivement.

La 14me page est une récapitulation des 11me et 12me. Faire en sorte que l'élève suive très-régulièrement ces deux lignes et que ces mots soient faits avec une certaine rapidité.

Les 15me, 16me, 17me et 18me pages sont formées de mots faisant suite aux autres ; elles renferment toutes les lettres de l'alphabet.

La 19ᵐᵉ page est une récapitulation des 15ᵐᵉ et 16ᵐᵉ.

La 20ᵐᵉ et dernière page du 12ᵐᵒ cahier est une récapitulation des 17ᵐᵉ et 18ᵐᵉ.

80 *mots nouveaux* environ viennent d'être exécutés par l'élève dans cette 3ᵐᵒ catégorie.

Nous avons l'espoir, qu'après avoir suivi cette étude classique avec beaucoup d'attention, on doit en retirer les meilleurs résultats ; la 4ᵐᵉ catégorie, dans laquelle nous allons entrer, donnera à l'élève les moyens de confectionner les Lettres Majuscules.

Avec de la persévérance, de l'application, et même le simple désir d'apprendre, on est sûr d'obtenir par nos *cahiers-modèles*, des résultats satisfaisants.

QUATRIÈME CATÉGORIE

MAJUSCULES

TREIZIÈME CAHIER.

L'étude des majuscules est un peu difficile ; mais, en suivant le mode que nous adoptons, on obtiendra sans peine le résultat voulu.

Jusqu'ici, l'élève a écrit sans appuyer la plume et avec une certaine rapidité ; pour les majuscules, au contraire, on doit appuyer la plume, former un *plein* au milieu du trait et le terminer par une liaison assez légère : quant à son application, il faut l'exécuter posément pour arriver insensiblement à la rapidité.

Les 1re et 2me pages sont formées de deux éléments dont le premier se fait de bas en haut, sans appuyer la plume, le deuxième de haut en bas, seulement il y a une règle à suivre pour obtenir le plein.

Le plein, pour toutes les lettres en général, doit se faire au milieu du trait, en commençant très-légèrement, appuyant sensiblement du quart aux trois quarts. Le milieu doit avoir son plein complet et l'on diminue la pression de la plume dans cette seconde moitié aussi insensiblement qu'on l'avait augmentée dans la première.

Les 3me et 4me pages sont formées par deux autres éléments dont le premier a la forme d'un O quadruple.

Obtenir le plein au milieu du trait, ainsi que nous l'avons dit, et l'exécuter de droite à gauche (1).

Le deuxième trait se fait de gauche à droite, la première partie avec un plein et la deuxième se terminant aussi par un plein.

Les 5me et 6me pages comprennent les deux derniers éléments, dont le premier a la forme d'un O dradruple et qui va de gauche à droite, tout en appuyant sur la droite. Le deuxième est conforme, quant au principe, à celui que nous avons fait aux 3me et 4me pages ; seulement sa liaison finale doit être fine et sans plein.

Les 7me et 8me pages forment une récapitulation des éléments que nous venons de faire connaître.

Avant de passer aux lettres majuscules, il est nécessaire que l'élève ait l'habitude de connaître parfaitement les *six éléments* — là est la base nécessaire pour arriver à la perfection de chacune d'elles.

Le plein dans chaque trait est de rigueur ; il doit être

(1) Pour comprendre le mouvement, il faut se supposer au centre de la lettre : le mouvement sera celui de la plume considérée devant soi.

toujours exécuté au milieu du trait, ce qui orne avantageusement la majuscule et fait la beauté de l'écriture.

Les 9mo et 10mo pages nous donnent deux lettres : le J et l'S.

On commence le J comme l'R ou le Z, minuscules, et ensuite on le continue comme le deuxième élément (pages 1 et 2).

Quant à l'S, on le commence comme un E, par une boucle arrondie, et on le termine comme la lettre précédente.

Les 11mo et 12mo pages offrent un F et un P.

Le premier mouvement de l'F, c'est le deuxième élément (pages 1 et 2) ; ensuite le mouvement ascendant de droite à gauche et de gauche à droite, dépassant le corps, prend son principe dans le cinquième élément (pages 5 et 6), et se finit par un crochet qu'on place sur le milieu du corps de l'F.

Le P diffère de l'F par sa terminaison ascendante qui, après avoir rencontré la ligne supérieure, descend au contraire à droite et se replie intérieurement.

Les 13mo et 14mo pages renferment un B et un R.

Les trois quarts de ces deux lettres ont la forme nette du P.

La terminaison du B se fait par un nouveau trait arrondi intérieurement et un peu plus en dehors que le précédent, tandis que l'R se termine extérieurement.

Les 15me et 16me pages sont formées d'un C et un G.

Ces deux lettres ont à peu près la même forme; on les commence par une boucle et on les termine comme un O en lui donnant la forme d'une ellipse, avec une terminaison légère et presque invisible.

Le G diffère du C en ce que cette dernière lettre possède un supplément final, lequel doit avoir la forme d'un S.

Les 17me et 18me pages contiennent un O et un Q.

L'O est conforme au troisième élément (pages 3 et 4) que nous avons donné dans les principes, seulement au lieu de le tripler ainsi que nous l'avons fait dans l'exercice, nous l'arrêtons au premier tour.

Le Q diffère par sa terminaison qui est d'une exécution assez facile.

Pour obtenir promptement un bon résultat, il faut montrer à l'élève l'élément primitif, et l'on doit le faire pour toutes les lettres en général. Cette marche est de nature à l'aider beaucoup dans l'exécution de son travail.

Les pages 19me et 20me sont la répétition des lettres déjà exécutées.

QUATORZIÈME CAHIER.

Les pages 1re et 2me contiennent des U et des V.

L'U s'exécute comme le 4me élément (pages 3 et

4 du 13ᵐᵉ cahier). Le premier trait a la forme d'un I et le deuxième une terminaison finale un peu arrondie comme la finale du C.

Le V suit le même principe que l'U et se termine comme un O avec liaison extérieure.

Aux pages 3ᵐᵉ et 4ᵐᵉ se trouvent l'L et l'A.

La lettre L part du même principe que le C, mais au lieu de suivre la courbe à droite, elle se tourne à gauche, s'arrêtant par une finale, s'élevant un peu au-dessus de la ligne des lettres ordinaires et se terminant par un petit trait final conforme au Z non bouclé.

La lettre A s'exécute au moyen du premier élément (pages 1 et 2 du 13ᵐᵉ cahier). Elle commence de bas en haut et se termine par un trait ni trop rond ni trop horizontal.

La 5ᵐᵉ page ainsi que la 6ᵐᵉ comprend un M et un N.

L'M s'exécute comme l'A en commençant. Il continue par un deuxième trait plein. Le troisième va de bas en haut et le quatrième trait est conforme au deuxième de l'A.

L'N s'exécute comme la précédente lettre, sauf qu'elle n'a que trois traits. Le troisième s'étend un peu à droite et finit par une courbe jetée au-dessus d'elle même à droite, comme l'F, ou rentrant intérieurement comme le P.

Aux pages 7me et 8me sont tracés des D et des E.

Le commencement du D se fait comme le deuxième élément (pages 1 et 2 du 13me cahier) et se termine comme un O; quant à l'E, il est conforme au C; seulement on le double et on lui donne la forme de deux O.

Les 9me et 10me pages sont la récapitulation des lettres déjà exécutées du présent cahier.

Les pages 11me et 12me sont un H et un K.

La première partie de la lettre H est un J dérivant du deuxième élément (pages 1 et 2 du 13me cahier); sa terminaison est un C, seulement en faisant la première partie, la liaison doit entreprendre la deuxième et terminer la lettre d'un seul trait.

Le K est dans les mêmes conditions que l'H.

La première moitié s'exécute comme dans le K minuscule ou le commencement du C jusqu'au milieu, et l'autre moitié comme la finale de l'R.

Les pages 13me et 14me sont un T et un X.

Le T s'exécute par un mouvement arrondi de droite à gauche et on le termine comme le C.

L'X c'est le principe du 4me élément (pages 3 et 4 du 13me cahier) qui se continue comme un S et qui se termine, en croisant ce dernier, par la forme d'un C,

Les pages 15me et 16me sont un Y, un Z et un W.

Le commencement de l'Y est absolument comme l'U ; au lieu d'arrondir sa finale dans sa terminaison, on prolonge son dernier trait, et on lui donne la forme de celui d'un Q.

Le Z se fait absolument comme la lettre minuscule.

Le W comprend deux parties ; la première est un I majuscule et la deuxième est une véritable N majuscule.

La 17me page ainsi que la 18me sont la récapitulation des dernières lettres.

La 19me page est une récapitulation conforme au n° 20 du treizième cahier.

La 20me page est une répétition conforme à la 14me page du présent cahier.

Comme on le voit, le système que nous avons suivi pour l'écriture courante, nous le continuons pour les majuscules ; nous voulons parler des récapitulations ; il est donc, selon nous, indispensable de récapituler le plus souvent ce que l'on a déjà fait.

QUINZIÈME CAHIER.

Ici nous commençons à donner la série réelle de l'alphabet, parce que l'élève a déjà exécuté convenablement les majuscules par rang de difficultés.

Ainsi les 1re et 2me pages sont formées des quatre premières lettres A B C D.

Les 3me et 4me pages contiennent les lettres E F G H.

Les 5me et 6me pages   *id.*   I J K L.

Les 7me et 8me pages   *id.*   M N O.

Les 9me et 10me pages   *id.*   P Q R.

Les 11me et 12me pages   *id.*   S T U V.

Les 13me et 14me pages   *id.*   W X Y Z.

Les 15me, 16me et 17me pages renferment les majuscules réunies de l'A à l'M et une ligne de chiffres que l'élève doit exécuter avec une certaine facilité, mais toujours accompagnés de la démonstration sur le tableau.

Les 18me, 19me et 20me pages sont la suite de l'alphabet, de l'N au Z précédé aussi des chiffres, mais commencés par la fin, c'est-à-dire de 0, 9, 8, 7, etc., etc.

Nous avons l'espoir que les préceptes démontrés dans nos cahiers suffiront pour que les élèves puissent écrire assez promptement. Si, dans l'application, il se rencontre quelques difficultés non prévues, elles viennent de l'aptitude de l'élève ; c'est aux professeurs que revient la tâche de les aplanir, soit par la démonstration, soit par l'exécution graduelle des différentes lettres dont se compose la méthode que nous avons l'honneur de leur soumettre.

Il ne faut pas perdre de vue, que le cours des majuscules est pour l'écriture un véritable ornement.

Une écriture n'est censée parfaite que par la forme de ses lettres et la régularité des majuscules.

Celles-ci doivent s'exécuter d'après l'intelligence et les dispositions de l'élève non seulement à main posée, mais encore à main levée : ce qui ne s'obtient que par beaucoup de travail et un grand exercice de la plume.

La différence qui existe entre une majuscule à main posée et une majuscule à main levée est très-grande ; la première n'est reçue, à notre avis, que dans une écriture appliquée, tandis que la deuxième est du ressort de notre *écriture expédiée française*.

SEIZIÈME CAHIER.

Après s'être occupé quelque temps des majuscules, l'élève a besoin de répéter aujourd'hui certains principes qui le mettront plus promptement sur la voie de l'*expédiée*.

Il est essentiel que le professeur continue la démonstration sur le tableau de tous les modèles en général ;

elle réveillera le souvenir de l'élève et il pourra être moins embarrassé pour suivre les modèles avec succès.

Ainsi, les 1re et 2me pages sont la récapitulation des numéros 1 et 2 du 12me cahier.

Les 3me et 4me pages sont la récapitulation des numéros 3 et 4 du 12me cahier.

Les 5me et 6me pages sont la récapitulation des numéros 7 et 8 du 12me cahier.

Les 7me et 8me pages ne sont autre chose qu'un alphabet conforme au précédent suivi d'une ligne de deux mots.

La 9me page est une répétition de la 7me.

La 10me page est une répétition de la 8me.

A la 11me page se trouve une série de mots commençant par lettres majuscules, soit A B C.

La 12me page donne des mots commençant par D E F.

La 13me page donne des mots commençant par G H I.

La 14me page	*id.*	*id.*	J K L M.
La 15me page	*id.*	*id.*	N O P
La 16me page	*id.*	*id.*	Q R S.
La 17me page	*id.*	*id.*	T U V.
La 18me page	*id.*	*id.*	X W Y Z.

La 19me page est la récapitulation des numéros 11, 12, 13, 14 divisés par moitié.

La 20me page est une récapitulation des numéros 15, 16, 17 et 18 divisés aussi par moitié.

Plus de 30 mots encore sont exécutés dans cette 4me catégorie et font suite aux autres.

L'écriture et l'orthographe marchant de front ne peuvent qu'être de la plus grande utilité pour le jeune commençant. Notre étude graphique, philosophiquement conçue et mise à la portée de tous les âges, est un véritable avant-coureur, prédisposant avantageusement aux exercices nombreux de la langue française.

C'est ici que l'élève peut commencer à aborder, franchement et sans crainte, les principes de l'orthographe, parce qu'il connaît d'une manière régulière et suffisante l'écriture des lettres minuscules et majuscules.

Qu'on ne perde pas de vue que les majuscules sont l'ornement de l'écriture : une lettre jetée avec élégance donne un nouvel éclat à l'écriture courante et en rehausse la beauté.

La 5ᵐᵉ et dernière catégorie que nous allons entreprendre, mettra l'élève à même d'achever et de perfectionner, dans ses divers degrés, l'enseignement complet de notre *écriture expédiée française*.

CINQUIÈME CATÉGORIE

PERFECTIONNEMENT DE L'ÉCRITURE

DIX-SEPTIÈME CAHIER.

La 1re page se compose de mots nouveaux, commencés par une lettre majuscule.

La 2me page, *idem.*

La 3me »   »

La 4me »   »

La 5me »   »

La 6me »   »

La 7me »   »

La 8me »   »

La 9me page est une récapitulation des 1re et 2me.

La 10me »   »   »   3me et 4me.

La 11me page est une récapitulation des 5me et 6me.

La 12me »   »   »   7me et 8me.

La hauteur de notre écriture admet trois degrés. Dans le premier, elle est comprise entre deux lignes espacées de trois millimètres ; dans le deuxième, l'espace est de deux millimètres ; le troisième n'a qu'une ligne.

Ici commence l'écriture du 2me degré sur deux lignes ; elle a pour but d'habituer l'élève à suivre régulièrement la forme des lettres et de le préparer à écrire bientôt facilement sur une ligne ; il n'a donc qu'à mettre en pratique tout ce qu'il a parcouru. Voici à cet effet les exercices auxquels il doit se livrer :

A la 13me page se trouvent des mots *élémentaires* que l'élève doit soigner le mieux possible et notamment l'alphabet majuscule de l'A à l'M et les chiffres, conformément au modèle annexé à la fin de cette page.

C'est une étude difficile et de la plus grande utilité ; nous prions les professeurs de ne pas la négliger, attendu que les élèves en général ont l'habitude de commencer admirablement bien leurs pages et les terminer d'une manière moins soignée : c'est dans cette intention que nous recommandons cette étude spéciale.

La 14me page est un alphabet en lettres de grosseur ordinaire lequel servira de base au travail méthodique de l'élève.

Même recommandation que dans la page précédente pour les lettres majuscules de l'N au Z accompagnées de chiffres.

Les 15me et 17me pages donnent des mots et des majuscules de l'A à l'M suivies de chiffres à la fin. Se conformer avec la plus grande exactitude aux modèles; c'est pour l'élève le plus sûr moyen à diriger convenablement la plume et d'atteindre en peu de temps le degré de perfection voulu.

Les 16me et 18me pages donnent encore d'autres mots et des majuscules de l'N au Z accompagnées de chiffres.

Nous ne cesserons de recommander ce travail important parce qu'il est appelé à développer l'intelligence de l'élève et le conduire à une écriture normale.

La 19me page est une phrase. Les majuscules de l'A à l'M sont à la fin.

La 20me et dernière page du 17me cahier est encore une nouvelle phrase; les majuscules de l'N au Z avec les chiffres se trouvent à la fin.

Le professeur devra, comme toujours, inscrire sur le tableau la phrase du modèle pour que l'élève puisse la suivre avec aisance, et lorsque cette phrase est parfaitement bien suivie, le professeur pourra en inscrire d'autres : de cette manière on est sûr de faire non seulement avec promptitude mais encore avec succès.

DIX-HUITIÈME CAHIER.

Nous voici arrivé au dernier cahier de notre *expédiée française ;* nous avons à recommander à Messieurs les professeurs de faire précéder la récapitulation de la démonstration dont nous avons parlé plus haut.

Les 1re, 2me, 3me et 4me pages sont des mots.

C'est ici que l'élève débute et que les difficultés disparaissent insensiblement et finissent par faire place à une écriture correcte, régulière et rapide, pourvu que l'élève conserve les principes de théorie déjà donnés que nous supposons avoir été compris par lui et mis en pratique.

L'expérience montre qu'avec les préceptes indiqués, une application soutenue de la part de l'élève et les soins assidus du professeur, les résultats sont sûrs et infaillibles.

Nous avons eu le soin de marquer à la fin de chaque page, les lettres majuscules A pour la 1re ligne, N pour la 2me et le chiffre N° 1 pour la 3me.

L'élève doit exécuter les majuscules et les chiffres ainsi qu'il l'a fait dans le 17me cahier et les savoir par cœur, de manière à pouvoir les écrire sans modèle.

Pour faciliter son travail, il suffira au professeur de faire les majuscules sur le tableau.

Les 5me, 6^{ine}, 7^{ine}, 8me, 9me et 10me pages sont composées de phrases.

L'élève doit aussi faire les majuscules et les chiffres à la fin de chaque page, quoique sans modèle.

Ces phrases doivent être variées pour lui servir de stimulant et le familiariser avec le genre d'écriture auquel il se livre.

La 11me page est une récapitulation des mots contenus dans les pages 1re et 2me.

Nous recommandons cette récapitulation de deux lignes, parce que l'élève, se rappelant les mots déjà transcrits, peut les écrire, pour ainsi dire, sans attention.

La 12me page est encore une récapitulation des mots de la 3me et de la 4me.

Même recommandation que pour la précédente.

La 13me page est un modèle offrant une phrase de deux lignes et du 3e degré d'écriture.

C'est ici que l'élève a besoin de toute son aptitude pour mener à bonne fin son genre d'écriture.

La 14me page est encore une nouvelle phrase sur deux lignes ; l'élève doit l'exécuter avec hardiesse et facilité.

Il n'est pas inutile de recommander au professeur dans le cas où celui-ci reconnaîtrait dans le travail de l'élève quelque faute de principe, de faire répéter, ainsi que nous le faisons, les trois lettres non réussies entre les deux M, les trois H et les trois Y entre deux M et même un alphabet minuscule.

Les 15me et 16me pages sont encore de nouvelles phrases sur deux lignes.

La 17me page est une répétition de la 13me.

La 18me page est encore une répétition de la 14me.

La 19me page est une répétition de la 15me.

La 20me et dernière page du 18me cahier est une répétition de la 16me.

Comme nous l'avons dit, l'élève doit exécuter, et sans modèle, les majuscules à leurs lignes marquées par l'A et l'N ainsi que les chiffres qui viennent à la suite. Il en sera de même pour les majuscules et les chiffres à toutes les pages non marquées : il ne devra point perdre de vue les prescriptions de nos cahiers qui seront pour lui la meilleure garantie d'un bon travail calligraphique.

Cette 5ᵐᵉ et dernière catégorie a donné à l'élève 70 *mots nouveaux*, qu'il doit exécuter correctement, soit comme écriture, soit comme orthographe.

De tout ce qui précède, il résulte que l'élève sera amené à écrire environ *quatre cents mots* composés de minuscules et de majuscules, tracés dans les divers cahiers qui lui sont soumis.

Cette multiplicité de mots exécutés, lui permet d'apprendre quelques notions d'orthographe, et le rend plus apte à suivre les cours de la classe de français.

Si ce bagage orthographique n'est pas lourd, il a du moins son prix, car les hommes sérieux savent que tout s'enchaîne dans l'enseignement et que les plus petites choses apprises à propos amènent à apprendre plus promptement les grandes.

EXPOSITION ABRÉGÉE

DES AUTRES GENRES D'ÉCRITURE

—

RONDE

—

19me, 20me, 21me et 22mo CAHIERS.

Par la méthode que nous offrons, nous avons la satisfaction de gagner beaucoup de temps.

Bien plus, l'élève avant toutes choses, apprend à connaître un mode particulier d'écriture, qu'il doit inculquer dans son esprit et qui lui servira de manuel pour les diverses applications qu'il se propose de faire.

C'est parmi ces diverses applications qu'il faut placer le genre *d'écriture Ronde*, laquelle offre dans son ensemble la plus grande netteté jointe à la plus grande régularité possible ; on sait que ce genre d'écriture sert admirablement pour la confection des titres de tableaux, de registres et de livres de commerce.

La grande difficulté qu'il offre, est la tenue de la plume ; néanmoins l'élève et surtout l'élève adulte, habitué à écrire avec aisance et habileté *l'écriture Expédiée française*, obtient en très-peu de temps le résultat désiré.

Le mode pour la taille de la plume est l'opposé de celui que nous avons adopté dans notre Album de calligraphie, il doit également servir pour la *Coulée*, la *Bâtarde* et la *Gothique*, et au lieu de la coupe oblique, avoir la coupe droite que nous admettons dans notre méthode. On sait de plus que la *Ronde* doit être plus accentuée que les autres écritures.

Nous préférerions aussi, à cause de la hauteur de l'écriture, la plume d'oie, vu qu'elle est flexible et que par la taille, elle peut prendre une forme quelconque; quant aux divers degrés de la fine, les plumes métalliques à pointe carrée remplissent admirablement leur rôle. Les élèves quelque peu avancés et arrivés surtout au 22me cahier, pourront utilement se servir des plumes métalliques à pointe carrée ou oblique.

Nos principes sont exposés dans le 19me cahier. En les suivant rigoureusement, l'élève arrive à confectionner en peu de temps ce beau genre d'écriture.

La position de l'élève doit être prise de manière à obtenir la pente droite et faire la liaison en tournant aisément sa plume. Un peu d'habitude et quelques exercices suffiront pour atteindre le degré de précision que demande *l'écriture Ronde*.

Nous ne voulons pas répéter ici une foule de préceptes qui ont été déjà démontrés et publiés par bon nombre de professeurs aussi habiles que distingués, du moment que nous nous sommes imposé le devoir de suivre une marche pratique très-succinte et bien rapide en ne donnant en passant qu'un léger aperçu ; d'autant plus qu'une planche de notre Album de calligraphie contient la description théorique de la position du corps, de la main, de la taille de la plume, etc., etc.

Ce qui est encore bien important, c'est que l'élève qui a terminé son cours *d'écriture Ronde*, doit s'occuper continuellement de son *Expédiée française*. Par suite, ce qu'il faisait avant d'apprendre l'écriture Ronde différera d'une manière étonnante de ce qu'il fera après, car la Ronde perfectionne et fortifie tellement l'Expédiée, que l'élève conserve toujours une écriture rationnelle et parfaite.

L'expérience amènera, il faut l'espérer, des résultats aussi bons que ceux que nous avons déjà eu la satisfaction d'obtenir nous-même.

COULÉE-BATARDE

23ᵐᵉ et 24ᵐᵉ CAHIERS.

Les 23ᵐᵉ et 24ᵐᵉ cahiers de notre enseignement renferment la *Coulée-Bâtarde* ; deux cahiers seuls nous paraissent suffire pour écrire parfaitement ce genre d'écriture.

L'écriture *Coulée*, d'une forme belle, très-lisible et bien essentielle, donne à l'élève, comme l'écriture *Ronde*, de la fermeté et de la précision dans les doigts ; elle n'admet point d'ornements affectés ; pour la rendre belle , il faut qu'elle soit régulière et hardie.

L'écriture *Bâtarde* qui diffère par la forme de quelques lettres de l'écriture *Coulée*, ainsi qu'on le voit par nos modèles, nous a semblé pouvoir être fusionnée avec elle et pour ainsi dire n'en former qu'une.

Quant à la pente, il sera facile de l'obtenir par une simple démonstration géométrique en formant un carré divisé en dix parties, et en tirant un trait horizontal à la 4ᵐᵉ partie, comme si l'on voulait tracer l'I commençant à la 4ᵐᵉ partie de la ligne horizontale ; il devra aboutir au pied du nº 1 de la perpendiculaire.

Avant de commencer la *Gothique*, il est nécessaire, et nous le recommandons d'une manière toute particulière, de faire répéter à l'élève les 17ᵐᵉ et 18ᵐᵉ cahiers de l'écriture *Expédiée française*, ainsi que les 21ᵐᵉ et 22ᵐᵉ cahiers de l'écriture *Ronde*.

GOTHIQUES

—

25ᵐᵉ CAHIER.

Le 25ᵐᵉ cahier, seul dans son genre, nous donne les *Gothiques* les plus usitées. La pente de ce genre d'écriture est comme celle de la *Ronde*; elle lui ressemble un peu pour la forme perpendiculaire des pleins, mais elle en diffère essentiellement pour ses lettres qui ne sont que des lignes brisées.

Ainsi que nous l'avons déjà dit, ce genre d'écriture est plutôt un dessin qu'une écriture réelle; outre l'adresse qu'elle donne aux élèves, elle sera fort utile à ceux qui se destinent aux arts industriels.

Une nouvelle répétition de l'ensemble des divers genres d'écriture, est une excellente précaution qu'on ne saurait trop engager à prendre, pour arriver plus sûrement à la perfection de tous les genres.

Ce n'est que par cette répétition continuelle que nous avons pu obtenir de bons succès.

ANGLAISE

—

26ᵐᵉ, 27ᵐᵉ, 28ᵐᵉ et 29ᵐᵉ CAHIERS

Les 26ᵐᵉ, 27ᵐᵉ, 28ᵐᵉ et 29ᵐᵉ cahiers nous donnent le genre de *l'écriture Anglaise*; c'est celui qui est généralement adopté. Ce genre se distingue par l'élégance des formes, par la beauté des pleins et des déliés et par la facilité avec laquelle on le lit.

Pour en obtenir la pente, il ne s'agit que de construire un carré de la hauteur que l'on veut donner à l'écriture; on divise les côtés en dix parties égales et la pente sera ndiquée par la ligne qui partira de la 9ᵉ division de la ligne horizontale supérieure pour venir aboutir au pied de la perpendiculaire. On voit que cette pente ne diffère que d'un dixième de la diagonale d'un carré.

Quatre cahiers gradués suffisent pour que l'élève puisse acquérir ce genre d'écriture.

Quant aux Majuscules, elles sont les mêmes que celles qui sont exécutées pour *l'écriture Expédiée française*, à l'exception de quelques petites différences dans la forme des lettres et dans la pente.

Les Majuscules de la *Ronde* et de la *Coulée* ne diffèrent entr'elles que par la pente. Quant à ce qui a trait aux pleins, on n'a qu'à suivre l'impulsion de la plume pour établir avec précision les pleins et les déliés.

Les Majuscules de la *Gothique* forment un dessin que l'élève exécutera avec une certaine satisfaction, comme on fait de tout travail qui contribue à occuper l'esprit et à captiver l'imagination.

D'après cela, on remarquera sans peine que la clef véritable de l'écriture est *l'Expédiée*; l'élève qui a suivi avec exactitude nos *exercices précédents* aura surmonté les principales difficultés de l'écriture, parce que par les règles tracées plus haut, il se sera rendu faciles les divers exercices qui contribuent au perfectionnement de l'écriture et à ses nombreuses applications.

RÉSUMÉ

—

30ᵐᵉ CAHIER

Le 30ᵐᵉ et dernier cahier est une récapitulation de tous les genres d'écriture; l'élève a besoin de remplir plusieurs cahiers de ce dernier numéro. Le maître de son côté aura soin de transcrire ou de placer entre les mains des élèves de nouveaux modèles faits par lui.

Arrivé à ce point, l'élève peut s'adonner à un nouveau travail pour lequel la Calligraphie, le Dessin, la Fantaisie et le Goût se donnnent la main.

A cet effet, nous avons préparé des feuilles illustrées et sans écriture, propres à être remplies, ou calquées, ou imitées par l'élève. Il peut s'adonner à la confection des cahiers illustrés, dits: *Cahiers pour les vacances.*

C'est par le succès obtenu dans ce nouveau genre de travail, que le professeur distinguera l'élève vulgaire de celui qui peut être appelé à atteindre le degré supérieur du talent.

C'est par ce moyen que ce dernier arrivera d'une manière certaine à une de ces positions peu connues, très-lucratives et très-recherchées des Graveurs, des Lithographes, des Architectes, etc., etc.

Un seul Album pour chaque classe est suffisant pour occuper une vingtaine d'élèves, choisis pour copier les feuilles calligraphiques destinées à être exposées aux yeux des parents à l'époque de la distribution des prix.

En terminant, nous prierons Messieurs les professeurs de ne pas perdre de vue que le travail qui parle aux yeux, est celui qui frappe aussi l'imagination et emporte avec lui un attrait irrésistible. Aussi, ne saurait-on donner trop de soins à l'art si essentiel de la calligraphie.

Ils doivent insister sur ce que les devoirs de chaque jour soient faits avec la plus grande application. Alors ils obtiendront par la persévérance et l'habitude cette fermeté de la main si nécessaire pour conserver à l'écriture le caractère qui la distingue.

L'expérience de tous les jours nous montre que pour être admis dans une administration ou dans un comptoir de commerce, il importe peu qu'un jeune homme soit doué d'une grande somme de connaissances. Le titre d'admission le plus recommandable et le mieux accepté est un spécimen de belle écriture.

A ceux qui désireront acquérir ce titre précieux, nous offrons non-seulement cet ouvrage mais encore nos conseils et nos leçons qui, en animant par la parole nos préceptes écrits, les graveront mieux dans l'intelligence.

RAPPORTS

ET

LETTRES DE FÉLICITATION

APERÇU DES RAPPORTS

FAITS

SUR LES OUVRAGES CALLIGRAPHIQUES

de Monsieur Marc-André PAPI

PAR DIVERSES ACADÉMIES ET SOCIÉTÉS SAVANTES
ARTISTIQUES ET INDUSTRIELLES;

Des Récompenses et des Encouragements qu'elles lui ont accordé.

RAPPORT

DE L'ACADÉMIE UNIVERSELLE DES ARTS ET MANUFACTURES,
SCIENCES, MUSIQUE, BELLES-LETTRES
ET BEAUX-ARTS DE PARIS,

Fait au nom du Comité de Calligraphie Artistique et de la Section de Dessin à la
plume à la Classe des Beaux-Arts de l'Académie,

Sur l'**Album Calligraphique** et le **Christ**, exécutés à la plume
par M. Marc-André PAPI,
Artiste Calligraphe et Dessinateur à Marseille.

MESSIEURS ET HONORABLES COLLÉGUES,

La mission qui nous a été confiée par l'Académie paraissait
devoir perdre beaucoup de ses difficultés devant les nombreuses récompenses obtenues par l'Auteur, les certificats d'hommes
compétents et les diverses appréciations émanées d'artistes
distingués; mais votre Commission bien qu'aidée et éclairée

dans son jugement, ne devait pas s'en rapporter exclusivement aux appréciations antérieures, et devait, au contraire, apporter dans son examen une attention d'autant plus minutieuse, qu'elle avait à se prémunir contre des éloges qui pouvaient avoir été exagérés.

Nous sommes heureux d'avoir à constater que le résultat de l'examen a été tout à l'honneur de M. Papi.

La Calligraphie si fort en honneur au moyen-âge qui nous a laissé tant de remarquables manuscrits, paraît avoir été, sinon anéantie, du moins détrônée par l'Imprimerie, et, à mesure que celle-ci s'est perfectionnée, on a négligé de plus en plus la Calligraphie qui demandait un temps relativement fort long. Quelques artistes seulement continuèrent à cultiver cet art qui devint pour ainsi dire occulte, en ce sens qu'il était le partage exclusif de quelques fervents amis de l'art graphique.

Dans notre siècle où tout marche à la vapeur, où l'invention d'hier est déjà vieille, où l'événement d'aujourd'hui sera dans quelques jours de l'histoire ancienne ; dans notre siècle, disons-nous, il faut écrire vite d'abord et lisiblement si l'on peut : car au gré de l'impatience de nos écrivains, la sténographie devrait remplacer l'écriture pour être à l'unisson de leur imagination.

Néanmoins nous avons des Calligraphes en assez grande quantité et de beaucoup de talent pour les cartes et plans de toute nature, les albums, etc. Les professeurs ne manquent pas, qui pour attirer l'attention et les élèves se livrent à des tours de force, de fioritures et de rinceaux à main levée ; pourtant la plupart des tableaux exposés par les professeurs, sans style ni cachet, n'ont d'autre mérite qu'une originalité banale, sans but ni utilité, qui n'épure ni le goût ni l'art.

Et voilà qu'au milieu de ce chaos de zig-zags en traits de plume, M. Papi arrive avec un système, un style, une école, avec le goût, avec l'art enfin. M. Papi ne vient pas faire parade d'une habileté d'improvisation illusoire et menteuse : il n'a pas comme tant d'autres étudié d'avance une série de dessins pour se donner ensuite le mérite de les improviser sous les yeux des amateurs. Non, Monsieur Papi est un artiste sérieux. Tout en lui est art, les habitudes, le langage, le goût, le travail : il aime la carrière qu'il s'est donnée et il la poursuit avec ardeur, sans emprunter à personne, pour rester lui-même.

Les planches qui vont passer sous vos yeux, ne sont donc pas le produit d'un travail instantané ; elles sont le fruit de l'imagination, de la méditation ; c'est la composition artistique aux prises avec l'idéal : et tel dessin qui vous paraîtra aujourd'hui irréprochable, a été modifié plusieurs fois par l'artiste.

Monsieur Papi jette au fusain l'idée d'une page et il n'y pense plus. Quelques jours après il repasse au crayon et il corrige ce qui lui paraît défectueux. En repassant à l'encre, il modifie encore, jusqu'à ce que la page atteigne le degré de perfection qu'il désire. Et cette perfection elle est partout, elle est dans tout ; elle est dans l'union intime des ornements et de l'écriture, dans la concordance des styles ; elle réside aussi et surtout dans l'agencement, dans le mariage des différents genres d'écriture.

Vous pouvez consulter à ce sujet les planches première, deuxième, quatrième et sixième. Pour que l'auteur soit content, il faut que écritures, encadrements, figurines, traits de plume, que tout soit du même style. Il faut que la page n'offre rien de disparate, rien qui choque l'œil.

L'Oraison Dominicale, planche sixième, atteste le goût minutieux et la science artistique de l'auteur. Il nous souvient d'avoir vu cette pièce traitée en calligraphie, mais sans symétrie, comme sans goût. Les lignes laissaient les phrases en suspens, de sorte que le sens d'une phrase était coupé par les lignes et se trouvait représenté par plusieurs écritures différentes.

Ici, rien de pareil. Chaque genre d'écriture renferme une

pensée, une phrase ou un fragment de phrase offrant un repos; un sens complet termine chaque ligne, et les divers caractères habilement mariés, artistement agencés, font de cette prière un tout simple, mais artistique et complet sur lequel l'œil se repose avec délices.

Quelle que soit la dépense de temps et d'argent, M. Papi ne recule devant aucun sacrifice quand il s'agit de réparer une faute d'harmonie, un défaut de goût. Il a fait venir d'Allemagne un graveur sur pierre, qui a dû apprendre de l'auteur les principes de la calligraphie, et qui a constamment travaillé sous ses yeux. On pourrait croire que par cela même, les planches dussent sortir parfaites des mains du graveur. Il n'en a pas toujours été ainsi, et si, quand la planche terminée, M. Papi découvrait une incorrection, qu'elle fût le fait du graveur ou le sien propre, il fallait effacer la gravure et recommencer aux frais de l'auteur bien entendu.

Deux planches principalement ont été recommencées et attestent la pureté du goût de M. Papi. Pour qui n'est pas initié à l'art calligraphique, la première édition de ces planches paraît irréprochable; mais quand on voit ces planches corrigées, quand l'auteur vous a fait confronter les deux épreuves, on ne peut nier que les corrections apportées ne soient la plus grande preuve d'un goût épuré et très-fin.

Vous avez donc devant vous non pas seulement un calligraphe, mais un dessinateur émérite, un artiste dont le sentiment profond ne tient à rien moins qu'à réunir dans un harmonieux ensemble, deux arts qui se donnent la main: *Le Dessin et l'Ecriture.*

Comme affirmation de cette idée de M. Papi, il va être mis sous vos yeux un *Christ* dont M. de Nieuwerkerke, *Directeur des Musées Impériaux*, a dit: «Nous avons des artistes qui exécute-« ront la Tête, les Mains et les Pieds, mais quant à la com-« position calligraphique, c'est un chef-d'œuvre, et la plume « a atteint un degré de perfection, qui fait de ce tableau un « modèle parfait du genre. »

Que dire de plus? l'œuvre est là qui atteste le mérite et le talent de l'artiste, talent qui n'a pas été surpassé jusqu'à ce jour. En conséquence, votre Commission a jugé convenable de demander pour l'auteur, M. Papi, une *Médaille d'Honneur* et le titre de *Membre de l'Académie.*

Paris, le 12 novembre 1860.

Suivent les signatures de la Commission.

Lu et adopté en séance, le 14 Avril 1860.

Pour copie conforme à l'original déposé aux Archives :

Le Secrétaire Particulier,

M. LE ROI.

Le résumé de ce rapport a été inséré dans les *Annales de l'Académie* (1er Décembre 1860).

Monsieur A. D. LOURMAND, *Vice-Président de la Société pour l'Instruction Élémentaire de Paris*, fait connaître à Monsieur Papi, en date du 19 mai 1860, qu'il a soumis à l'examen du Conseil son Rapport sur l'*Album Calligraphique*.

Voici quelques extraits de ce Rapport inséré dans le *Bulletin Mensuel de la Société*. — JOURNAL D'ÉDUCATION POPULAIRE (Mai 1860, Tome VIII, n° 5).

. . . .

L'année dernière, Monsieur Marc-André Papi, Calligraphe, né à Bastia (Corse), établi à Marseille, a soumis à votre appréciation le premier cahier de l'*Album de Calligraphie* dont il est l'auteur.

Vous évitez habituellement de vous prononcer sur une publication incomplète; néanmoins, comme ce cahier, même isolé, forme un tout à certains égards, vous avez crû devoir charger un rapporteur de vous en rendre compte; et c'est moi que vous avez désigné pour cette tâche. Quelque temps après, Monsieur Papi vous a nanti du deuxième cahier représentant le même double caractère d'un tout, dans sa spécialité; d'une partie, dans un ensemble. Vous m'en avez également confié l'examen, sorte de dépendance de ma mission. Je viens appeler sur ces deux cahiers votre attention bienveillante.

Le titre d'*Album de Calligraphie*, justifié par les conditions artistiques de l'œuvre; les dimensions grandioses des feuilles, format oblong de 0,54 cent. sur 0,40; — les divers ornements répandus avec profusion, tout annonce une publication dépassant de beaucoup le cadre modeste des écoles primaires élémentaires. Toutefois les écoles primaires supérieures, et surtout les écoles normales, pourraient avec fruit s'en procurer un exemplaire.

. . . .

Malgré le luxe d'exécution, l'auteur l'a destiné à l'enseignement.

Il l'a dédié à la *Chambre de commerce de Marseille* qui l'a bien accueilli, en raison de l'utilité d'une belle écriture pour la correspondance et la tenue des livres ; il l'a mise aussi sous le Patronage du *Ministre de l'Instruction publique* en vue des colléges.

. . . .

Puisque cet album n'est donc pas une simple curiosité Calligraphique, mais une pédagogie intentionnelle, je dois vous entretenir de ce qui compose les parties déjà produites.

Le premier cahier contient dix-sept feuilles y compris le titre. Ce titre même, *la dédicace à la Chambre de commerce de Marseille*, *la réponse de cette Chambre*, et *l'hommage au Ministre*, ne sont point des modèles d'écriture proprement dits; ce sont des spécimens de talent ; les lettres et les illustrations s'y montrent sous des figures extrêmement variées, qui prouvent une souple habileté de plume pour le dessin autant que pour l'écriture. Plus sobres d'ornements, les pages qui renferment *l'histoire de l'écriture, un avis sur l'art de bien écrire, les préceptes sur la position du corps, et sur la taille de la plume*, sont des modèles en même temps que des leçons.

. . . .

Les autres feuilles offrent un cours réparti en principes, alphabets, mots et phrases, pour la Coulée dans ses différentes dimensions, et la collection se termine par une récapitulation spéciale. Le 2me cahier comprend 8 feuilles assujetties au même plan pour la Ronde; elles offrent aussi un pareil mérite.

Dans les deux livraisons, je remarque avec plaisir et je signale avec empressement l'essence d'une bonne écriture, essence qui manque souvent à des écritures réputées jolies, et la plus satisfaisante lisibilité, même dans les proportions les plus restreintes.

. Aussi, considérant d'abord l'intérêt de voir achever une entreprise commencée avec tant de soin, et dont, si elle réussit, un extrait peu coûteux, pourrait devenir très-utile à l'enseignement élémentaire ; puis la justice d'accorder au talent personnel de l'auteur un témoignage d'estime bien mérité, votre rapporteur a l'honneur de vous proposer : 1° de conserver précieusement l'*Album* de Monsieur Papi dans votre bibliothèque ; 2° d'adresser à l'habile Calligraphe une lettre de remercîment pour son envoi et d'encouragement à finir son œuvre ; 3° d'insérer ce Rapport dans votre bulletin.

A. D. Lourmand.

M. le docteur Benestor Lunel, *Secrétaire perpétuel de la Société des Sciences Industrielles, Arts et Belles-Lettres de Paris*, écrit à Monsieur Papi le 14 mai 1859, une lettre touchante et bien flatteuse en lui annonçant que la Société venait de lui accorder une Médaille de Bronze. Cette lettre accompagnait un Rapport très-élogieux et duquel nous extrayons ces passages :

. . . .

L'art d'écrire, dans son enseignement, n'a pas encore dit son dernier mot: Pour ne pas fatiguer l'élève et lui donner le goût qu'exige cette science hérissée de petites difficultés, il faut chercher à l'amuser, à le distraire,

C'est le but vers lequel a dirigé ses efforts, M. Papi, dans son *Album calligraphique*, où le talent du dessinateur et de l'artiste se révèle dans une foule de modèles.

L'ouvrage soumis à votre appréciation est d'un mérite réel comme exécution, et, outre le choix heureux des sujets reproduits, il indique d'une façon claire et précise, la taille de la plume, la position de la main et du corps, notions indispensables pour arriver à bien écrire.

Selon nous, les modèles de M. Papi attireront l'attention des Maîtres de Pensions et des Institutions, qui, sitôt qu'ils en auront reconnu le mérite, ne manqueront pas de les recommander à leurs élèves, qui ne pourront qu'y puiser d'excellents principes.

Un autre avantage qui ressort du travail de M. Papi, c'est que l'heureux arrangement, la netteté de l'exécution, la précision de l'ensemble dans toutes les planches, pourront parfois donner aux Lithographes de bons modèles à suivre.

. . . .

Pour copie conforme :

Dr B. Lunel.

Le 13 janvier 1860, *une Médaille d'Argent* a été décernée à l'Auteur, par la même Société des Sciences Industrielles, Arts et Belles-Lettres de Paris.

Nous reproduisons en entier son Rapport, parce qu'il complète avec beaucoup d'intérêt *l'Histoire de l'Écriture.*

RAPPORT

A LA SOCIÉTÉ DES SCIENCES INDUSTRIELLES, ARTS ET BELLES-LETTRES DE PARIS

Sur l'**Album Calligraphique** et le **Christ** au trait
par Marc-André PAPI,
Professeur de Calligraphie à Marseille.

—

MESDAMES ET MESSIEURS,

S'il y a un art qui doit être soigneusement cultivé, c'est sans contredit celui de l'écriture, trop négligée jusqu'à ce jour, et mise en discrédit, même par des professeurs, qui prétendent par de pernicieuses annonces, l'enseigner en quinze ou vingt leçons, dans le seul but de rivalité et de concurrence.

Tout le monde doit comprendre la fausseté de pareilles prétentions; tout le monde sait aussi qu'il y a une grande différence entre faire et bien faire.

Il y a même des personnes qui se font une gloire de griffonner ou d'écrire illisiblement, voulant par là imiter des personnages illustres, comme le dit si bien un poëte moderne.

Sans affectation, soignez votre écriture ;
Tous n'ont pas, il est vrai, reçu de la nature
Cet estimable don, d'enchanter le regard
Par des mots gracieux et moulés avec art,
Je sais qu'on pense encor dans le siècle où nous sommes,
Qu'une laide écriture appartient aux grands hommes.
Et dans son griffonnage on voit plus d'un pédant,
Pour se donner du ton, signer : Châteaubriand.

Mais chez l'illustre auteur serait-ce une manie ?
Et s'il écrivait bien, perdrait-il son génie ?
Fénélon, dites-vous, *écrivait en tremblant ;*
Écrivant comme lui, aurez-vous son talent ?
Je plains le temps perdu quand je lis une lettre,
Où je dois deviner chaque mot, chaque lettre.
J'imite *Fénélon* ! Moi, je vous répondrai :
Faites le *Télémaque* et puis je vous lirai.

Avant de procéder à l'analyse de notre examen, permettez-nous de jeter un coup d'œil rapide sur l'histoire de l'Écriture.

C'est aux Phéniciens que nous sommes redevables de cet art : ce sont eux les premiers qui ont adopté l'écriture syllabique ; elle fut enseignée ensuite aux grecs par Cadmus, fils d'Agénor, roi des Phéniciens, 1600 ans environ avant Jésus-Christ. Il fut contraint par son père d'aller à la recherche de sa sœur Europe, que Jupiter, transformé en taureau, avait enlevée. Cadmus, arrivé en Grèce, consulta l'Oracle de Delphes, qui lui ordonna de s'arrêter dans le lieu où il serait conduit par un bœuf et d'y bâtir une ville. Il rencontra dans la Phocide une génisse qui lui servit de guide. La ville qu'il bâtit fut appelée Thèbes, et la contrée prit le nom de Béotie.

Tout le monde connaît ces beaux vers de Brebœuf sur Cadmus :

C'est de lui que nous vient cet art ingénieux
De peindre la parole et de parler aux yeux ;
Et par les traits divers de figures tracées
Donner de la couleur et du corps aux pensées,

Avant ce genre d'écriture, les peuples de l'Antiquité se servaient de l'écriture hiéroglyphique. Ils représentaient leurs pensées par l'image de l'objet, si celui-ci était susceptible de représentation, ainsi que nous le voyons par les statues égyptiennes du Musée du Louvre et par l'Obélisque de Louqsor sur la place de la Concorde. Il paraît même que tous les peuples peu civilisés avaient adopté cette écriture à peu de différence près, car on a trouvé des hiéroglyphes bien conservés chez les Indiens de l'Amérique même, qui paraissent très-récents, ou qui indiquent un fait de l'histoire moderne. — Mais n'allons pas si loin et restons à Paris, en dirigeant nos pas vers la place Vendôme. C'est encore là une grande page d'écriture primitive qui se présente à nos yeux sur la colonne.

Comme les hiéroglyphes représentaient l'image de l'objet même, il en résulte que ce genre d'écriture était de la sculpture et de la peinture en même temps ; et qu'elle a dû présenter beaucoup de difficultés dans l'exécution, soit par la lenteur, soit par rapport aux instruments avec lesquels on était obligé de les tailler sur des tables de pierre, des colonnes de granit et de bois. Par cette raison, les sages ou savants de l'Antiquité cherchaient à modifier l'écriture, en simplifiant d'un côté les signes pour la représentation de l'objet, et de cette manière séparer l'écriture de la sculpture, et d'autre part, à remplacer la matière qui devait recevoir l'écriture.

Les Egyptiens furent les premiers à remplacer la pierre et le bois par des peaux ; bientôt les nations voisines les imitérent ; mais comme ces peaux étaient encore assez volumineuses, ils les ont abandonnées et se sont servis de l'écorce d'une espèce de plante appelée Papyrus. Des troubles qui éclatèrent en Orient au septième siècle, ramenèrent l'usage des peaux qui, cette fois-ci, furent préparées et désignées sous le nom de Parchemin ; à Rome, on était arrivé à une perfection de cette fabrication et à une finesse telle, que Cicéron dit avoir vu toute l'*Iliade* d'Homère, écrite sur Parchemin et renfermée dans une coquille de noix ; mais malgré ce perfectionnement

on abandonna de nouveau le Parchemin pour reprendre l'écorce
de Papyrus qui alors se maintint en Europe jusqu'au XIIme
siècle, époque à laquelle le papier chiffon fut établi à Bâle
par des grecs qui s'étaient réfugiés dans cette ville en 1170.

Quelques historiens prétendent que la fabrication du papier
soie était déjà connue en Chine 200 ans avant Jésus-Christ ;
d'autres la placent 60 ans plus tard ; selon quelques-uns, ce
fut seulement en 750 qu'on commença à faire usage en Orient
d'un papier de coton broyé et réduit en une pâte claire ; on
l'appelait papier Bombycien. Enfin, d'autres en font honneur
à un Padouan nommé Pax en 1301.

En 1786, Levrier de l'Ile parvint à fabriquer du papier
avec diverses espèces de végétaux, et dès lors, les ma-
chines se multiplièrent ainsi que les différentes espèces de
papier fabriqués, dont les principales sont : le papier vélin
en 1790, le papier de paille en 1800, le papier imperméable
en 1802, le papier maroquiné en 1806, le papier syrien
en 1809, le papier de filasse en 1813.

Depuis l'invention du papier, le parchemin ne fut plus guère
employé que par les copistes des XIVme et XVme siècle pour
copier des manuscrits.

Pour tracer ou peindre des lettres sur l'écorce du Papyrus,
sur le Parchemin ou sur le Papier, on employait d'abord le
roseau du Calamus, encore en usage chez quelques peuples de
l'Orient, ensuite on adopta des plumes en bois, en corne, en
os, et enfin celle des oiseaux et les plumes métalliques qui
sont d'une invention récente.

Lors de la conquête des Gaules par Jules César, l'alphabet
Grec qui y était en usage fut remplacé par l'alphabet Romain.
Au XIme siècle, l'écriture prit, comme tous les autres arts,
le type de ce genre si connu sous le nom de *gothique*. Dans
le XVme siècle on employait plusieurs genres de lettres. Les
lettres de la Cour, en usage dans les tribunaux, les lettres
tournourres, qui avaient beaucoup de rapport avec les lettres
majuscules gothiques ; les cadeaux ou grandes lettres placées

en tête des alinéas et ornées d'enchaînements, d'entrelacements et de paraphes.

Plus tard on adopta en France plusieurs autres genres d'écriture, savoir : l'*Italienne* ou *Bâtarde* qui dérive des caractères Romains, et qui servait pour les placets et les mémoires; on la nommait aussi la *Financière* parce qu'elle était en usage dans les bureaux de la comptabilité. La *Ronde* créée par Rossignol, qui était généralement recherchée à cause de son exécution facile et rapide, et enfin l'*Anglaise* qui est plus en harmonie avec les mouvements naturels, c'est en même temps la plus difficile à bien écrire.

Aujourd'hui nous possédons outre ces trois genres d'écritures, la *Coulée*, qui a beaucoup de rapport avec la *Bâtarde*, la *Gothique carrée* ou *Allemande*, et la *Gothique Anglaise*, appelée aussi *Gothique ronde* ou *Gothique moderne*.

Vous connaissez, Mesdames et Messieurs, la marche de cet art à travers les siècles, vous en connaissez aussi les différentes transformations en France, et par cela il est facile à supposer les mêmes changements des écritures chez les nations qui n'ont pas les lettres romaines, car les Grecs, les Germains, les Slaves, les Arabes et les Chinois ont des alphabets particuliers, des formes différentes. Vous connaissez les difficultés que l'Écriture a rencontrées dans sa marche, d'autant plus invincibles que personne ne s'est occupé sérieusement de son amélioration, de son perfectionnement.

Si la peinture et la sculpture avaient été abandonnées à elles-mêmes, comme le fut leur mère, nous n'aurions pas eu des Rubens, des de Vinci, des Raphaël, des Goujon, etc.; mais l'art est tel qui lui a suffi d'avoir produit des hommes illustres pour se placer au-dessus des autres; mais quels sont les noms de ceux qui ont travaillé pour l'écriture, cet art à la fois agréable, utile et nécessaire même ! — Il n'y en a point ou l'histoire les ignore ; dans l'un ou l'autre cas, nous devons féliciter un de nos contemporains qui n'a craint ni peines, ni sacrifices matériels pour la relever, lui rendre le

cachet artistique qu'elle mérite à juste titre. En effet, Messieurs,
les services rendus par l'écriture sont immenses. La peinture
et la sculpture lui doivent leur naissance ; elle nous a transmis
les traditions de nos pères ; en retraçant l'histoire des peuples,
elle a donné le jour à l'imprimerie ; c'est par elle que nous
exprimons nos pensées, nos désirs, nos vœux, quand la bou-
che hésite ; c'est par elle encore que nous leur faisons franchir des pays et des mers inaltérables et toujours les mêmes.
Donc elle mérite nos appréciations et nos encouragements
sous le double titre d'art et de nécessité, d'agréable et d'utile.

Jusqu'ici elle était restreinte à la plus grande nécessité ; des
modèles parfaits, gracieux et purs nous manquaient jusqu'à
ce jour, à moins que l'on en trouvât quelques fois en manuscrits chez quelques amateurs. Heureusement, l'Album calligraphique de M. Papi, de Marseille, vient de remplir cette
lacune, en rendant à cet art le cachet artistique et gracieux,
et par conséquent de lui donner la portée et l'importance
qu'elle réclame en vain depuis longtemps à juste titre. En effet,
Mesdames et Messieurs, jamais nous n'avons rien trouvé de
plus parfait et de plus pur ; chaque planche est un véritable
chef-d'œuvre, d'un dessin exquis, d'une conception hardie et
d'une exécution à la fois correcte et nette. Pour l'amateur,
c'est un véritable musée, une collection précieuse ; pour celui
qui vient apprendre, ce sont des modèles parfaits sous tous les
rapports et variés à l'infini qui, bien suivis, ne manqueront
pas de produire des maîtres de l'art calligraphique, et nous
devons désirer vivement qu'ils fussent appréciés par les corps
enseignants sous le double rapport de calligraphie et de dessin à la plume.

Ce que nous ne pouvons, ce que nous ne devons pas passer
sous silence, sont les paraphes ou traits de plume, exécutés
avec une rare perfection, avec une grâce et une régularité qui
ne laissent rien à désirer. Ces ornements, quoi qu'on en dise,
servent non-seulement à relever l'écriture, mais ils sont en
même temps un exercice incontestable pour l'élève, et nous

sommes persuadés que si les élèves étaient tenus, avant de procéder au traçage des lettres, de s'adonner pendant huit ou quinze jours à cet exercice, ils les exécuteraient alors avec beaucoup plus de facilité, de netteté et de régularité, vu que la main, en même temps qu'elle serait plus déliée, se prêterait beaucoup mieux à une écriture rapide et gracieuse en même temps.

Il serait donc à désirer que les professeurs, maîtres d'écritures et instituteurs, adoptassent cette méthode de préférence à toute autre.

Comme les éléments de cet Album ne se bornent pas seulement à des traits de plume, mais se composent d'un mélange de fleurs, d'entrelacements et autres sujets de genre et d'attributs aussi gracieux que corrects, votre Commission a jugé convenable de s'adjoindre un de vos membres, peintre habile, au dessin correct et au coloris habilement nuancé, qui, après un examen attentif, a reconnu le mérite de l'exécution et a confirmé le jugement que nous avions porté sur ce travail.

Vous vous le rappelez sans doute, Mesdames et Messieurs, que Monsieur Papi a déjà présenté à notre Société les dix-huit premières planches de son Album calligraphique, dans le courant de l'année dernière, et que vous lui avez accordé la *Médaille de bronze*. L'auteur a soumis ce même nombre à l'Exposition de Bordeaux, qui n'était cependant qu'industrielle et lui a accordé néanmoins une *Mention honorable*. Le même nombre de planches fut successivement honoré d'une *Médaille d'argent* et d'une *Médaille d'or*, par l'Académie nationale et par la Société de statistique de Marseille.

Aujourd'hui, M. Papi vient de nouveau soumettre à notre appréciation, outre le nombre double de ces planches exécutées avec la même perfection, un grand Christ au trait, qui est, comme vous le voyez, d'une exécution admirable, et dont Monsieur le Comte de Nieuwerkerke, Directeur des Musées Impériaux, a dit en le voyant :

« *Nous avons des artistes habiles qui pourront imiter admirable-*
« *ment la Tête, les Mains et les Pieds, mais quant à la composition*
« *calligraphique, elle peut servir de modèle : c'est un chef-d'œuvre*
« *dans son genre.* »

En outre, M. Papi a reçu les éloges les plus encourageants et les plus flatteurs de Son Excellence M. le Ministre de l'Instruction publique, et la Société pour l'Instruction Élémentaire de Paris, a porté sur ses œuvres calligraphiques un jugement des plus favorables.

En présence de telles circonstances, d'après l'examen scrupuleux que votre Commission en a fait, nous proposons à la Société des Sciences Industrielles, Arts et Belles-Lettres de Paris, de décerner à l'auteur de ces planches et modèles magnifiques, la récompense qu'elle accorde aux auteurs de chefs-d'œuvre.

La Société a voté à l'unanimité une *Médaille d'argent* à l'auteur du remarquable modèle de Calligraphie.

Paris, le 13 Janvier 1860.

Suivent les signatures de la Commission ,

Pour copie conforme :

Dr B. LUNEL, *Secrétaire Perpétuel.*

La *Société des Sciences Industrielles , Arts et Belles-Lettres de Paris* couronne pour la troisième fois L'AUTEUR des *Œuvres Calligraphiques*, d'une MÉDAILLE D'OR, le 14 octobre 1860.

De son Rapport très-flatteur et très-élogieux, inséré dans la *Revue des Sciences* (1er Décembre 1860), nous citerons les passages suivants :

Monsieur Papi nous semble être appelé à jouer un des grands rôles dans l'enseignement de l'écriture et il nous paraît être destiné à faire revivre les beaux jours de la Calligraphie, car avant la publication de son Album de vingt-cinq planches, il n'existait que des modèles d'écriture en brochures, et en feuilles éparses, gravées ou lithographiées, reproduisant sous une forme succinte, et peu attrayante les genres d'écritures les plus généralement employés, et que dans les écoles, les élèves s'attachaient à imiter tant bien que mal.

Le premier, Monsieur Papi, conçut l'idée de réunir dans une œuvre sérieuse tous les éléments de l'écriture, ornés de dessins et d'illustrations Calligraphiques ; il a voulu montrer que les deux arts se touchent et peuvent se combiner dans la plus heureuse alliance.

. . . .

Les œuvres Calligraphiques hors ligne de notre habile collègue, et le livre d'*études* et d'*originaux* que vous avez sous les yeux, nous porte à vous demander, Messieurs, une récompense digne du mérite de Monsieur Papi.

Récompense : *Médaille d'or*.

Suivent les signatures des Membres de la Commission ,

Pour copie conforme :

Dr B. LUNEL, *Secrétaire perpétuel.*

L'Académie nationale , agricole , manufacturière et commerciale de Paris, à M. PAPI, Professeur de Calligraphie à Marseille.

Paris , le 24 Novembre 1859.

MONSIEUR ET CHER COLLÈGUE ,

Sur le rapport de son Comité des récompenses , l'Académie nationale vient de vous voter une *Médaille de seconde classe*.

Cette Médaille vous sera décernée dans l'Assemblée générale , qui aura lieu très-prochainement à l'*Hôtel-de-Ville de Paris* , et par laquelle vous recevrez une convocation spéciale (quinze jours avant la réunion.)

Nous vous prévenons dès ce jour , Monsieur et cher Collègue , afin de vous donner la faculté de pouvoir assister à la séance de distribution et de recevoir vous-même la distinction qui vous est acquise.

Si, en raison de votre éloignement, ou pour tout autre motif, vous ne pouvez pas assister à cette réunion , veuillez bien vous y faire représenter et nous en avertir.

Nous vous adressons d'autre part un avis qui peut vous intéresser encore.

Recevez , Monsieur et cher Collègue , nos sincères félicitations , et la nouvelle assurance de notre considération la plus distinguée.

Pour le Conseil supérieur, et par décision du Comité des récompenses.

Le Directeur de la Société,
AYMAR-BRESSION.

L'Extrait de ce Rapport a été inséré dans le *Journal Mensuel* des Travaux de l'Académie nationale, agricole, manufacturière et commmerciale, et de la Société française de statistique universelle (XXXᵐᵉ année— février 1860.)

7

Le Secrétaire Perpétuel de la *Société de Statistique de Marseille*, à M. Papi, Calligraphe.

Marseille, le 8 Décembre 1858.

Monsieur,

J'ai l'honneur de vous informer que la Société de statistique de Marseille, sur le rapport d'une Commission chargée de l'appréciation des titres de MM. les Industriels qui se sont mis sur les rangs pour l'obtention des récompenses, vous a décerné dans sa séance du 28 août 1858, une *Médaille d'Argent*, et a délibéré qu'elle vous serait remise en séance publique.

En conséquence vous êtes invité à assister à cette réunion solennelle, qui aura lieu le Dimanche 12 courant, à une heure précise, dans la grande salle des tableaux, au Musée.

Agréez, Monsieur, l'assurance de ma parfaite considération.

P. M. Roux,
D. M.

L'Extrait du Rapport fait au nom d'une Commission par Monsieur le docteur Flavard, a été inséré dans le *Répertoire des travaux de la Société de statistique de Marseille.* (21me Volume).

La même *Société de Statistique de Marseille* entend et adopte, dans tout son contenu, le Rapport remarquable fait au nom d'une Commission spéciale, par l'honorable M. Chaumelin, et reproduit ensuite par les journaux de la ville.

Le Secrétaire Perpétuel fit connaître à M. Papi, par lettre du 21 décembre 1861, que la *Commission des Récompenses* lui avait accordé une Médaille de Vermeil (grand module) et qu'elle lui serait remise en séance publique à la Faculté des Sciences.

Nous reproduisons en entier ce Rapport qui est un morceau de bonne littérature ; nous avons l'espoir que le lecteur le verra avec intérêt.

SOCIÉTÉ DE STATISTIQUE DE MARSEILLE

(Extrait du procès-verbal de la Séance du 12 avril 1860).

PRÉSIDENCE DE M. MORTREUIL, VICE-PRÉSIDENT.

RAPPORT

Fait, au nom de la Commission Spéciale,

PAR M. CHAUMELIN,

sur les Œuvres Calligraphiques de M. Papi.

Messieurs,

La *Calligraphie*, ou l'art de tracer avec élégance et correction les signes qui servent à traduire les sons du langage, est tombé bien injustement dans le discrédit, depuis que l'invention merveilleuse de l'Imprimerie a permis à l'homme de fixer sa pensée dans des livres à peu près impérissables.

Vous savez quelle importance les Romains attachèrent à cet art qui, chez eux, était si intimement lié à celui de la parole. La Calligraphie ne fut pas moins en honneur au moyen-âge ; les couvents produisirent des calligraphes qui furent de vrais et grands artistes, témoins les admirables manuscrits qui nous sont restés de cette époque.

L'Imprimerie, dont les procédés étaient, à l'origine, fort imparfaits, ne détrôna pas tout d'un coup la Calligraphie ; les manuscrits firent quelque temps encore concurrence aux livres ; mais la lutte ne put durer longtemps. Les calligraphes, réduits à enseigner les principes de l'écriture aux écoliers, devinrent de moins en moins nombreux : leur art se changea en métier.

Les manuscrits des XVIIme et XVIIIme siècles, que nous ont conservés les archives de l'État et des municipalités, attestent, en général, le peu d'habileté des scribes de cette époque. Les gens lettrés étaient encore plus maladroits, s'il est possible : Fénélon, pour n'en citer qu'un, avait une écriture tremblée et presque illisible. Les grands poussaient jusqu'au dédain le soin de leur écriture, comme celui d'ailleurs de leur orthographe.

De nos jours, les perfectionnements considérables apportés par l'industrie dans la fabrication de tout ce qui est matériellement nécessaire pour écrire, jointe à la propagation de l'instruction et au nombre toujours croissant de ceux qui concourent aux emplois administratifs, ont amené de grandes améliorations dans l'écriture courante.

Une génération aussi écrivassière que la nôtre, pardonnez-moi l'expression, devait tenir d'ailleurs à se faire lire : l'avenir d'un individu dépend bien souvent de son écriture. Tel manuscrit littéraire, parfait peut-être quant au fond, sera rejeté impitoyablement par un éditeur qui n'aura pas le courage d'en déchiffrer les hiéroglyphes si l'auteur lui est inconnu. Nous connaissons un dramaturge en renom qui se vit refuser deux ou trois premières pièces, et qui nous apprit plus tard que les directeurs de théâtre avaient été effarouchés par ses *pattes de mouche.*

Dans les administrations et dans les maisons de commerce, c'est pis encore. Les comptes de l'État comme ceux du négociant, ont besoin d'être établis clairement et lisiblement. On cite des fonctionnaires et des commis qui ont dû leur avancement à une *belle plume.*

Nous nous expliquons parfaitement les exigences administratives et commerciales pour ce qui tient à l'écriture, et nous croirions, pour ce motif seul, devoir accorder nos encouragements aux professeurs intelligents qui s'attachent à faire revivre les beaux jours de la Calligraphie.

M. Papi, qui soumet à l'examen de notre Société, un Album de 25 planches et un grand dessin calligraphique représentant le *Christ en Croix*, M. Papi nous paraît destiné à opérer, par ses leçons et ses exemples, une véritable révolution dans l'enseignement de l'écriture : le métier est redevenu un art entre ses mains.

Et n'allez pas croire, Messieurs, à un excès d'éloges. Nous vous avouerons en toute franchise que, chargé par vous d'examiner les travaux de M. Papi, nous avons apporté dans cette tâche une prévention qui n'a pas tardé, il est vrai, à nous quitter. Nous craignions d'avoir affaire avec l'un de ces nombreux.... *professeurs* qui, dans de pompeuses annonces, se font forts de réformer, en quinze ou vingt leçons, l'écriture la plus vicieuse.

L'Album calligraphique de M. Papi a un cachet vraiment artistique. Les différents genres d'écritures ne s'y montrent pas seulement dans toute leur régularité et leur élégance. L'auteur a su les encadrer dans des dessins à la plume d'une délicatesse d'exécution vraiment merveilleuse. Les innombrables traits d'ornementation qui s'enchevêtrent autour des emblèmes, les *fioritures* calligraphiques, si je puis parler ainsi, font de son Album une œuvre vraiment digne d'admiration.

Il en est de même du *Christ en Croix.* Ainsi que le disait à l'auteur, M. de Nieuwerkerke, Directeur des Musées Impériaux en 1855 : « Nous avons des artistes habiles qui feront « à merveille la tête, les pieds et les mains, mais quant à la « partie calligraphique, elle peut servir de modèle ; c'est un « chef-d'œuvre du genre. »

Le but que semble avoir poursuivi M. Papi, en composant ces divers ouvrages, a été de réunir dans les mêmes tableaux les principes de la calligraphie et des modèles de dessin ; il a voulu montrer que les deux arts se touchent et peuvent se combiner dans la plus heureuse alliance ; que les élèves auxquels seraient données les feuilles de son *Album* comme modèles, apprendraient en même temps à devenir des calligraphes et des dessinateurs.

Nous regardons cette combinaison comme pouvant amener les meilleurs résultats, et nous ne doutons pas qu'il y aurait un grand avantage pour les jeunes gens à étudier simultanément les deux arts.

L'Album calligraphique mérite de prendre place dans les lycées et dans les autres établissements d'instruction publique. Il sera surtout étudié avec fruit par les élèves des écoles normales primaires, appelés eux-mêmes à enseigner plus tard les PRINCIPES de l'écriture et du dessin.

Un rapide examen des feuilles contenues dans l'Album de de M. Papi, prouvera que nous n'avons pas exagéré l'importance de cet ouvrage.

Parmi les planches qui ont le plus frappé notre attention par la complication ingénieuse des ornements et la délicatesse de l'exécution, nous citerons : le *Frontispice de l'Album*, la *Dédicace à la Chambre de commerce de Marseille*, la *Réponse de la Chambre à M. Papi*, l'*Hommage à S. E. M. le Ministre de l'Instruction publique et des Cultes*.

A la suite de ces quatre planches, qui figurent en tête du recueil, nous avons remarqué encore la feuille n° 6 et la feuille n° 24, renfermant dans un riche encadrement, la première le *Pater*, soit l'*Oraison dominicale*, la seconde, les *Commandements de Dieu*.

Les planches 7 et 9 sont consacrées à des notions purement didactiques sur la calligraphie. Nous n'avons pas besoin de dire que M. Papi a joint l'exemple au précepte, et que dans ces deux feuilles, comme dans les autres, il a fait preuve d'un talent éminent de Calligraphe.

Les planches 10 à 18 renferment des modèles gradués de l'écriture Coulée-Bâtarde, et les huit dernières des modèles gradués de l'écriture Ronde.

M. Papi a été obligé de s'arrêter là, dans l'impossibilité où il était de faire face aux frais considérables qu'entrainait la publication de son œuvre.

Vous serez sans doute étonnés, Messieurs, en apprenant que l'exécution des vingt-cinq planches soumises à votre appréciation n'a pas coûté moins de quarante mille francs.

Quelques détails sur les complications et les difficultés de ce genre de publication, vous démontreront tout ce qu'il a fallu à M. Papi de courage, d'abnégation, de sacrifices, de persévérance, de dévouement pour mener seulement son œuvre au point où elle est restée.

Vous remarquerez d'abord que le procédé qui a été employé pour fixer les planches de l'Album calligraphique est la gravure sur pierre. La lithographie n'eut pas atteint à la pureté et à la délicatesse des lignes que nous admirons dans les feuilles de M. Papi. On conçoit qu'il importait beaucoup que des planches destinées à servir de modèles calligraphiques fussent irréprochables sous le rapport de la finesse du trait.

La gravure pouvait seule permettre à M. Papi d'obtenir ce résultat, tout en donnant à la publication de son Album un caractère artistique plus élevé.

Malheureusement, les graveurs sur pierre (j'entends les graveurs artistes) sont excessivement rares en France, pour ne pas dire introuvables. C'est à peine si l'on en compte à Paris une douzaine, presque tous employés à l'Imprimerie Impériale; encore faut-il ajouter qu'ils sont pour la plupart d'origine allemande.

C'est aussi à l'Allemagne que M. Papi a dû demander les graveurs dont il a eu besoin pour l'exécution de ses planches, et les frais occasionnés par ce déplacement ont tout naturellement grevé son entreprise.

Ce n'est pas tout. Les graveurs allemands venus à Marseille, ont eu besoin d'un apprentissage tout nouveau pour aborder l'exécution des planches calligraphiques de M. Papi. Ces planches se composent, comme vous l'avez remarqué, de deux parties bien différentes et qui s'unissent pourtant intimement: le dessin et l'écriture. Or, il est très-rare qu'un graveur soit également apte à graver les lettres et les traits capricieux de pure ornementation. En ce qui concerne l'écriture, chaque artiste adopte un genre spécial, un type qui lui est particulier. et dont il a de la peine à s'écarter.

Les variétés et les graduations des modèles calligraphiques de M. Papi, présentaient notamment des obstacles fort difficiles à surmonter.

Il a donc fallu préalablement que chaque graveur se constituât élève et apprît de M. Papi les principes même de la calligraphie.

Après cela, les modèles originaux ont été décalqués sur la pierre et gravés sous les yeux de l'auteur qui avait sans cesse à revoir, à corriger, à donner des indications et des renseignements. La moindre défectuosité, la moindre incorrection pouvant porter le plus grand préjudice à une œuvre essentiellement didactique, rien ne devait être négligé pour que, l'exécution fût d'une fidélité et d'une pureté irréprochables.

On conçoit sans peine tout ce que M. Papi a dû dépenser de soins et d'argent pour atteindre à la perfection des vingt-cinq planches soumises à l'examen de notre Société.

Il est à regretter, pour l'avancement de l'art calligraphique, qu'un ouvrage aussi remarquable ait dû être interrompu; mais on ne saurait en faire un reproche à l'auteur qui a épuisé ses ressources dans un travail resté jusqu'à ce jour à peu près sans rémunération.

A défaut d'encouragements pécuniaires, il convient Messieurs, que notre Société accorde à M. Papi, une des plus hautes récompenses honorifiques dont elle dispose, imitant en cela plusieurs Académies et Sociétés savantes de la Capitale et de la Province, qui ont déjà reconnu le talent de cet éminent Calligraphe. Déjà vous lui avez décerné une *Médaille d'Argent*, il y a deux ans : mais depuis cette époque, huit planches nouvelles ont été ajoutées à l'*Album*, et contribuent à en faire ressortir le côté artistique en même temps que le caractère didactique. Le *Christ* accroît encore la haute opinion que nous avons conçue du talent de l'auteur.

Si nous considérons de plus, que M. Papi a introduit à Marseille, une importante industrie qui y était à peu près inconnue, celle de la *gravure artistique sur pierre*, nous n'hésiterons pas à vous proposer de lui décerner une Médaille en Vermeil (grand module), en faisant des vœux pour que cette récompense élevée l'encourage à compléter son œuvre par la publication des quinze planches dont il a déjà exécuté les dessins et les ornements calligraphiques.

Le Rapporteur,
Marius CHAUMELIN.

La Société de statistique de Marseille, après avoir entendu la lecture du rapport ci-dessus, l'a adopté dans tout son contenu, et a délibéré conséquemment de le renvoyer à la Commission générale des récompenses.

Le Secrétaire Perpétuel,	*Le Président*,
P. M. ROUX.	MORTREUIL.

Nous apprenons que la Société pour l'Instruction Elémentaire de Paris, sur le rapport très-élogieux qui lui a été présenté par M. A. D. Lourmand, son vice-président, dans la séance du 16 mai 1860, a décidé :

1° De conserver précieusement l'*Album* de M. Papi dans sa bibliothèque.

2° D'adresser à l'habile Calligraphe une lettre de remerciment pour son envoi et d'encouragement à finir son œuvre.

3° D'insérer le rapport de M. Lourmand dans son *Bulletin*.

On a eu souvent l'occasion d'entretenir le public des œuvres calligraphiques de M. Papi et des récompenses flatteuses dont elles ont été l'objet de la part de plusieurs Sociétés artistiques de la province et de la Capitale.

Nous apprenons aujourd'hui que la Société des Sciences industrielles, arts et belles-lettres de Paris, dans sa séance du 9 décembre dernier, a décerné une *Médaille d'or* à l'auteur de l'Album illustré de calligraphie, et l'a nommé Membre-correspondant de la Société.

M. Papi avait déjà obtenu de la même Société, les Médailles de bronze et d'argent.

L'Académie universelle des arts de Paris, dans sa séance du 14 novembre 1860, a décerné une *Médaille d'honneur* (assimilée à la médaille d'or) à M. Papi, à propos de son Album calligraphique (25 planches in-folio) et de son Christ exécuté à la plume. Dans cette même séance, M. Papi a été nommé Membre-correspondant de l'Académie universelle.

Parmi les nombreuses Lettres de félicitation que nous avons reçues, nous nous bornons, pour ne pas fatiguer l'attention du lecteur, à choisir les plus intéressantes.

⸎

CHAMBRE DE COMMERCE DE MARSEILLE.

———

Marseille, le 30 Novembre 1855.

MONSIEUR,

La Chambre de Commerce de Marseille a pris connaissance de vos Modèles de Calligraphie, avec le vif intérêt qu'elle attache aux études qui touchent au Commerce.

La netteté de l'écriture est, comme vous le faites très-bien observer, d'une nécessité indispensable pour la correspondance et la tenue des livres, pour les actes publics, et sous ces divers rapports, les dessins à la plume que vous avez faits avec beaucoup de méthode et d'art pour propager la science calligraphique, ont droit à nos encouragements.

Nous en acceptons la *Dédicace* et nous faisons des vœux bien sincères pour la réussite de votre intéressante publication.

Veuillez agréer, Monsieur, l'assurance de notre parfaite considération.

Le Président de la Chambre de Commerce,
J.-B. PASTRÉ.

S. BERTEAUT,
Secrétaire.

———

MAIRIE DE MARSEILLE.

Marseille, le 5 Mai 1858.

Monsieur,

J'ai reçu avec la lettre que vous m'avez fait l'honneur de m'écrire le 27 avril dernier, l'*Album Calligraphique* et le *Christ* dessiné à la plume dont vous voulez bien faire hommage à *l'Administration municipale de Marseille*.

Je vous remercie, Monsieur, en mon nom et au nom du *Conseil municipal*, de ce témoignage d'estime pour l'Edilité Marseillaise, et je fais des vœux pour que vous obteniez dans une carrière que vous suivez avec tant de distinction, tous les succès sur lesquels vous êtes en droit de compter.

Agréez, Monsieur, l'assurance de ma considération distinguée.

Le Maire de Marseille,
HONNORAT.

MINISTÈRE DE L'INSTRUCTION PUBLIQUE
ET DES CULTES.

Paris, le 12 Octobre 1859.

Monsieur,

J'ai reçu avec grand plaisir, *l'Ouvrage Calligraphique* que vous avez bien voulu m'offrir.

Je vous félicite de l'excellente exécution d'une œuvre difficile et qui fait honneur à votre talent.

Veuillez recevoir tous mes remerciments.

Agréez, Monsieur, l'assurance de ma considération distinguée.

Le Ministre de l'Instruction publique et des Cultes,
ROULAND.

INSTRUCTION PUBLIQUE.

ACADÉMIE D'AIX.

LYCÉE IMPÉRIAL DE MARSEILLE.

Marseille, le 4 Novembre 1858.

Monsieur,

J'ai examiné avec beaucoup d'attention et le plus vif intérêt, les *Cahiers* que vous m'avez fait l'honneur de m'envoyer. Ils attestent une connaissance théorique très-approfondie des divers genres d'écritures, et une habileté pratique tout-à-fait hors ligne.

Veuillez agréer, Monsieur, avec mes félicitations pour ce beau travail exécuté avec une rare perfection, l'assurance de mes sentiments les plus distingués.

Le *Proviseur*,

COURTADE.

Nous sommes heureux et nous nous félicitons bien sincèrement, de ce que cet honorable et éminent fonctionnaire de l'Université ait été élevé au grade de *Recteur de l'Académie de Grenoble.*

COLLÉGE CATHOLIQUE DU SACRÉ-CŒUR
DE MARSEILLE.

Marseille, le 16 Septembre 1859.

MONSIEUR,

. . . .

J'ai reçu votre beau *Christ* et les dix-sept premières planches de votre magnifique *Album*. Je ne puis que vous témoigner ma reconnaissance de l'hommage que vous avez bien voulu m'en faire. Son inspection rend évident pour tout le monde que vous possédez un talent supérieur pour la Calligraphie.

. . . .

Recevez, Monsieur, mes félicitations sincères pour le beau travail que vous avez entrepris et si bien exécuté, l'assurance de ma considération la plus distinguée.

CH. GIRAUD SAINT-ROME, *sup*.

ACADÉMIE IMPÉRIALE
DES SCIENCES, BELLES-LETTRES ET ARTS DE MARSEILLE.

Marseille, le 6 Mai 1858.

MONSIEUR,

L'Académie a reçu avec gratitude les divers modèles calligraphiques que vous eûtes la bonté de lui adresser par votre lettre du 22 avril dernier.

Si, comme vous l'observez très-bien, la *Calligraphie* n'est pas une science, elle est un art susceptible de grande utilité.

Elle mérite donc d'être accueillie, surtout quand elle est pratiquée avec les soins et le goût qui vous distinguent.

Il nous semble que de tels travaux, si habilement dirigés, ne peuvent qu'être appréciés et mis à profit par tous les établissements voués à l'Education publique.

Nous le désirons beaucoup, Monsieur, pour votre satisfaction personnelle, et vous prions d'agréer notre parfaite considération.

TEMPIER,   Paul AUTRAN,
Secrétaire Perpétuel.   *Secrétaire Perpétuel.*

TH. PATOT, *Président en absence.*

SOCIÉTÉ ARTISTIQUE DES BOUCHES-DU-RHONE.

Marseille, le 10 février 1859.

Monsieur,

La Commission Administrative de la Société Artistique a examiné avec le plus vif intérêt *l'Album Calligraphique* que vous avez bien voulu lui communiquer, et elle a reconnu dans ce travail un mérite incontestable.

Le *Christ* principalement est un véritable modèle en ce genre de dessin, on y trouve une pureté de lignes et une finesse de détails très-remarquables.

La Commission me charge, Monsieur, de vous remercier de cette communication.

Veuillez agréer l'assurance de mes sentiments de considération très-distinguée.

Le Président de la Société Artistique,

A. de SURIAN,
Ancien Député.

ATHÉNÉE DE MARSEILLE.

Marseille, le 25 octobre 1858.

Monsieur,

. . . .

Votre *Christ* et votre *Album Calligraphique* ont été également reçus.

La Commission a été flattée de cette offre et je viens vous exprimer en son nom, tout le plaisir qu'elle éprouve de pouvoir joindre à ses collections, ce *Christ* d'un fini remarquable et cet *Album* si varié, et vous prier de recevoir ses remercîments.

Agréez, Monsieur, l'assurance de ma considération distinguée.

L'Agent Général,
Lieutaud.

PRÉFECTURE DES BOUCHES-DU-RHONE.

Marseille, le 29 Juin 1860.

Monsieur,

Vous avez soumis à mon examen les travaux calligraphiques auxquels vous avez consacré un véritable talent.

Je suis peu compétent pour juger de la perfection de vos différentes écritures, comme vous pouvez le voir par cette lettre; je n'ai pas la prétention d'être calligraphe, mais est-il absolument nécessaire d'être artiste pour apprécier les belles et bonnes choses.

J'ai parcouru avec grand plaisir les nombreux modèles formant votre *Album* et dans tous j'y ai reconnu l'intelligence des règles, un goût et une perfection qui font de cet Album un recueil précieux, non moins qu'utile, pour tous ceux qui voudront se perfectionner dans l'art si nécessaire de tracer correctement les caractères de nos différentes écritures françaises.

Recevez, Monsieur, l'assurance de ma considération très-distinguée.

Le Préfet des Bouches-du-Rhône,
BESSON.

INSTITUT POLYTECHNIQUE DE PARIS.

Paris, le 15 octobre 1860.

Monsieur,

Nous avons l'honneur de vous informer que pour récompenser les services que vous rendez continuellement par votre *Album Calligraphique*, l'Institut Polytechnique Universel vous a désigné en Conseil pour être admis au nombre de ses *Membres*.

Persuadé que vous voudrez bien accepter cette distinction, nous vous prions de nous honorer d'une réponse prochaine, afin que le *Diplôme* confirmatif de votre nomination vous soit immédiatement adressé.

Veuillez agréer, Monsieur, l'expression de mes sentiments les plus distingués.

L'Administrateur-Directeur,
Au. Nodin Coller.

Vu pour le Conseil.
Le Vice-Président Honoraire délégué,
Baron A. de Bulara.

Voici les noms des principaux journaux qui ont bien voulu reconnaître à notre œuvre un caractère d'utilité et d'agrément, nous honorer de leur attention et de leurs sympathies par des comptes-rendus spéciaux, destinés à faire connaître cette œuvre et à la propager au-dehors.

La Gazette du Midi.	*Le Messager du Midi.*
Le Sémaphore.	*Opinion du Midi.*
Le Courrier de Marseille.	*Revue des Sciences.*
Le Nouvelliste.	*Annales de l'Académie.*
Musée des Arts et Métiers.	*Journal Mensuel des Travaux de*
Le Moniteur des Arts Industriels	*l'Académie Nationale, etc.*
et de l'Agriculture.	*Journal d'Éducation Populaire.*
Le Messager de Provence.	*Guida del Popolo, etc., etc.*

Ces divers journaux ont annoncé tour-à-tour les récompenses que M. Papi a reçues des divers Corps Savants, ainsi que celles qu'il a obtenues aux Concours Régionaux :

De MONTPELLIER, — Médaille d'Argent (15 juillet 1860);

De BORDEAUX, — Mention Honorable (20 novembre 1859);

De BESANÇON, — Mention Honorable (4 novembre 1860);

De MARSEILLE, — Médaille de Bronze (10 septembre 1861).

Le Concours Régional du 10 septembre 1861 est le dernier auquel nous ayons pris part.

Nous croyons devoir ajouter à notre série de Comptes-rendus et de Lettres de félicitation, celle qui nous a été adressée par M. le *Directeur de l'École Communale Laïque d'Adultes de Marseille.*

Marseille, le 15 décembre 1863.

MON CHER MONSIEUR PAPI,

Il y a un an à peine, vous étiez appelé au milieu de nous pour l'enseignement de la Calligraphie dans notre classe d'adultes. Votre réputation nous était déjà connue, et votre zèle, votre aptitude à communiquer aux autres un art que vous possédez à un si haut degré, me donnait la confiance que vos efforts seraient bientôt couronnés de quelques succès. Cette espérance n'a été point déçue; vous avez obtenu, en très-peu de temps, de merveilleux résultats, que j'ai encore sous les yeux, et qui ont excité, croyez-le bien, mon admiration et celle de tous les professeurs attachés à l'établissement. Vous avez si bien fait, que les mains les plus rebelles ont dû céder à l'excellence de votre Méthode; et l'on peut dire aujourd'hui que, sous l'impulsion de votre beau talent, les plus mauvaises plumes peuvent devenir les meilleures.

Je ne peux donc que vous remercier d'avoir bien voulu nous prêter un concours qui nous est précieux à plus d'un titre, et duquel dépend la prospérité de l'enseignement confié à vos soins.

Daignez agréer, mon cher Monsieur Papi, avec l'expression de ma bien vive reconnaissance, la nouvelle assurance de tous mes sentiments pour vous.

Le Directeur de l'École Supérieure d'Adultes,
BOUTIÈRE.

Nous aurons l'avantage de faire connaître au public, par la voie d'un organe local, les noms des Maisons d'Éducation, où notre Méthode aura été adoptée, ainsi que les résultats que l'on y aura obtenus.

Nous serons toujours heureux de mettre à profit les saines observations qui nous seront soumises, afin que par *cet esprit d'union qui fait la force*, nous puissions marcher unanimement dans la voie du progrès.

TABLE

Introduction   5

Traité de Calligraphie théorique et pratique. Principes théo-
riques et progressifs de l'écriture expédiée française. . . .   13

PREMIÈRE CATÉGORIE.

LETTRES NON BOUCLÉES.

1er Cahier.   14
2me »   19
3me »   23
4me »   28
5me »   32

DEUXIÈME CATÉGORIE.

LETTRES A BOUCLES DESCENDANTES.

6me Cahier   33
7me »   37
8me »   40

TROISIÈME CATÉGORIE.

LETTRES A BOUCLES ASCENDANTES.

9me Cahier   42
10me »   46
11me »   48
12me »   50

— 122 —

QUATRIÈME CATÉGORIE.

MAJUSCULES.

13me Cahier	. . . .	53
14me »	. . . .	56
15me »	. . . .	59
16me »	. . . .	61

CINQUIÈME CATÉGORIE.

PERFECTIONNEMENT DE L'ÉCRITURE.

17me Cahier	. . . .	65
18me »	. . . .	68

EXPOSITION ABRÉGÉE DES AUTRES GENRES D'ÉCRITURE.

RONDE.

19me, 20me, 21me et 22me Cahiers.	. . . .	72

COULÉE-BATARDE.

23me et 24me Cahiers.	. . . .	74

GOTHIQUES.

25me Cahier.	. . . .	76

ANGLAISE.

26me, 27me, 28me et 29me Cahiers.	. . . .	77

RÉSUMÉ.

30me Cahier.	. . . .	78

RAPPORTS ET LETTRES DE FÉLICITATION.

Rapport de l'Académie Universelle des Arts et Manufactures, Sciences, Musique, Belles-Lettres et Beaux-Arts de Paris. .	83
Extraits du Rapport de M. A. D. Lourmand, Vice-Président de la Société pour l'Instruction Élémentaire de Paris. . . .	88
Extraits du Rapport de la Société des Sciences Industrielles, Arts et Belles-Lettres de Paris.	90
Rapport de la Société des Sciences Industrielles, Arts et Belles-Lettres de Paris.	92
Extraits du Rapport de la Société des Sciences Industrielles, Arts et Belles-Lettres de Paris.	100

Lettre de l'Académie Nationale, Agricole, Manufacturière et Commerciale de Paris. 101

Lettre de la Société de Statistique de Marseille. 102

Rapport de la Société de Statistique de Marseille. 183

Lettre de M. le Président de la Chambre de Commerce de Marseille. 111

» de M. le Maire de Marseille. 112

» de S. E. Monsieur le Ministre de l'Instruction publique et des Cultes. 112

» de M. le Proviseur du Lycée Impérial de Marseille (aujourd'hui Recteur de l'Académie de Grenoble). 113

» de M. le Supérieur du Collége Catholique du Sacré-Cœur de Marseille.. 114

» de l'Académie Impériale des Sciences, Belles-Lettres et Arts de Marseille. 114

» de la Société Artistique des Bouches-du-Rhône. . . . 115

» de l'Athénée de Marseille. 116

» de M. le Préfet des Bouches-du-Rhône. 116

» de l'Institut Polytechnique Universel de Paris. 117

Nomenclature des principaux journaux qui ont apprécié les Œuvres Calligraphiques de l'Auteur. 118

Villes où les Ouvrages de Calligraphie ont été exposés. . . . 118

Lettre de M. le Directeur de l'Ecole Communale Laïque d'Adultes de Marseille. 119

FIN.

TABLE DES MATIÈRES

CONTENUES DANS LES CAHIERS D'APPLICATION

ÉCRITURE EXPÉDIÉE FRANÇAISE.

Première Catégorie.

1er CAHIER. De l'élément à la lettre R.
2e — De Z à X.
3e — De C à A.
4e — De D à Œ.
5e — Récapitulation de toutes les lettres exécutées avec 55 *mots.*

Deuxième Catégorie.

6e — De J. à Y.
7e — De Z à Q.
8e — Récapitulation de toutes les lettres exécutées avec 52 *mots.*

Troisième Catégorie.

9e — De L à K.
10e — De B à F.
11e — Récapitulation de toutes les lettres, avec 52 *mots* sans lettres à boucles descendantes.
12e — Récapitulation des principes. — Alphabet — 27 *mots* de toutes les lettres de l'alphabet.

Quatrième Catégorie.

13e — Éléments de lettres majuscules.
14e — Suite de toutes les lettres majuscules.
15e — Récapitulation progressive de l'alphabet majuscule.
16e — Récapitulation des principes des lettres minuscules. Alphabet et 5 *mots.* 26 *mots* commençant par chacune des lettres alphabétiques majuscules.

Cinquième Catégorie.

17e — 26 *mots* nouveaux commençant par chacune des lettres alphabétiques majuscules. 15 *mots* renfermant toutes les lettres , 2me degré d'écriture et sur deux lignes , ainsi que *deux* phrases d'une ligne.
18e CAHIER. 15 *mots* dont 4 sur 2 lignes. 6 phrases sur une ligne Et 4 phrases d'écriture très-fine, 3me degré de l'écriture.

RONDE.

19e CAHIER. Éléments. — Lettres non bouclées.
20e — Lettres bouclées. — Alphabet. — Mots.
21e — Majuscules. — Alphabet. — Mots.
22e — Gradation des divers degrés.

COULÉE - BATARDE.

23e CAHIER. Éléments. — Lettres. — Alphabets des minuscules et des majuscules.
24e — Gradation des divers degrés.

GOTHIQUES.

25e CAHIER. Principes. — Alphabet des minuscules et des majuscules. — Mots. — Phrases et gradation des divers degrés.

ANGLAISE.

26e CAHIER. Principes. — Alphabets des minuscules et des majuscules.
27e — Mots commençant par lettres majuscules.
28e — Mots et phrases.
29e — Gradation des divers degrés.

RÉSUMÉ

30e et dernier CAHIER. — Récapitulation de tous les genres d'écriture.

Album Illustré de Dessin et de Calligraphie, format oblong, de 0,40 cent. de hauteur sur 0,54 de largeur.

Christ de 1m 20 de hauteur sur 0,90 de largeur.

Feuilles Illustrées de l'Album sans écritures.

MARSEILLE. — Typ. et Lith. H. SEREN, quai de Rive-Neuve, 3.